Retratos da Vida

As consequências do descomprometimento afetivo

CLOTILDE FASCIONI

Retratos da Vida

As consequências do descomprometimento afetivo

Série
Romance Mediúnico

Dufaux

Belo Horizonte, Janeiro de 2022

RETRATOS DA VIDA

1ª Edição | Janeiro de 2022 | Impressão sob demanda

Dados Internacionais de Catalogação na Publicação (CIP)

FASCIONI, Clotilde
Retratos da vida: as consequências do descomprometimento afetivo / Clotilde Fascioni. – 1. ed.
– Belo Horizonte : Editora Dufaux, 2021.

175 p. 16 x 23 cm

ISBN 978-65-87210-19-3

1.Espiritismo 2. Vida Afetiva 3. Romance I. Título II. FASCIONI, Clotilde

CDU-133.9

Índices para catálogo sistemático:
1. Romance espírita : Espiritismo 133.9

Impresso no Brasil   Printed in Brazil   Presita en Brazilo

EDITORA DUFAUX
Rua Contria,759 | Bairro Alto Barroca
Belo Horizonte | MG | Brasil
CEP: 30.431-028
Tel. (31) 3347-1531
comercial@editoradufaux.com.br
www.editoradufaux.com.br

FSC

Conforme novo acordo ortográfico da língua portuguesa ratificado em 2008.

Prelúdio

Ildefonso caminhava atento, indo ao endereço da livraria na avenida Paulista, onde iria encontrar seu amigo que lançava um livro. Ao entrar na loja, pôde observar que já havia uma fila para a tarde de autógrafos. Apanhou um exemplar da obra e aguardou.

Quando chegou sua vez, foi recebido com muita alegria por Túlio, que fez questão de levantar e abraçar o amigo. Após trocarem algumas palavras, Túlio escreveu uma dedicatória numa das primeiras páginas do livro, entregou de volta o romance ao amigo e lhe disse que poderiam se encontrar mais tarde para um café.

Como o tempo era curto, e mais leitores aguardavam pacientemente a sua vez de cumprimentar o autor, trocar impressões com ele e levar algumas palavras escritas, que marcariam no livro e na memória aquele momento significativo, Ildefonso, um tanto emocionado, logo saiu, deixando a vez para o próximo leitor.

Lá fora, abriu a primeira página do livro e leu a dedicatória:

> *"Graças a você, à nossa amizade e à sua sugestão de contar a minha história num livro, aqui estamos hoje, festejando este momento.*
>
> *Obrigado, meu amigo e irmão.*
>
> *Túlio"*

Parte 1

Capítulo 1

Após colocar, com delicadeza, a tela em branco sobre o cavalete de pintura, seu pensamento voou célere para um ponto específico da sua memória. Então, fez os ajustes de fixação com toda a calma, parecendo que suas mãos pálidas trabalhavam automaticamente, suavemente deslizando sobre as quinas da tela.

Quando deu a tela por ajustada, pegou uma talisca de carvão sobre a mesa e parou por um momento diante do quadro para, em seguida, fechar os olhos. Pretendia, com esse gesto, ativar um pouco mais os detalhes de sua lembrança antes de começar a esboçar um semblante delicado, feminino.

Com traços leves, mas rápidos, pouco a pouco foi se formando, em linhas delgadas e negras, o contorno de um rosto de traços delicados no fundo branco. Demorou-se um pouco mais na expressão do olhar. Em seguida, afastou-se um pouco para trás no intuito de melhor apreciar o resultado até aquele momento.

Na sequência de gestos, tomou da paleta e, mantendo a delicadeza, foi abrindo várias bisnagas de tinta a óleo, colocando pequenas porções lado a lado, distribuindo as cores de tonalidade marrom, cor de carne e semelhantes, numa sequência de tom sobre tom, deixando ao centro a porção maior de branco de titânio. Juntou um pouco aqui e outro pouco ali, mas com a ajuda do pincel é que foram aparecendo outras lindas e suaves cores, variando da pele natural clara propriamente dita até um marrom escuro avermelhado, levando à semelhança da coloração de uma pele morena.

Misturando ainda mais as tintas, foi trazendo uma tonalidade entre a pele clara e a morena, de faces rosadas e olhar profundo. O olhar, mesmo ainda só levemente delineado, já mostrava um azul intenso, misterioso.

Os cabelos, em anéis escuros, caíam sobre os ombros. Deixou os lábios por último, na tentativa de sentir a lembrança de um beijo, se houvesse acontecido. O fundo, antes branco, foi levemente definido em poucas pinceladas de um azul surreal, indeciso entre o Céu limpo ou uma leve cortina translúcida de tons lilás e róseos como só se pode ver ao pôr do Sol.

Perdeu a conta de quantas vezes pintara esse mesmo retrato em sua mente. O retrato de uma mulher que ele sempre trouxe na lembrança, mas que nunca soubera ter conhecido.

Pintava virtualmente como sempre fazia quando se retraía, divagando.

Nos últimos tempos, porém, isso vinha acontecendo com maior frequência.

Túlio e Dora ficavam horas em silêncio em casa ou em meio ao trânsito caótico da cidade, e ele, em sua mente, montava o imaginário cavalete de pintura, reproduzindo infinitas vezes aquela imagem.

Atualmente, eles só se falavam em extrema necessidade e se dirigiam um ao outro com palavras mínimas, apenas o estritamente necessário. Não havia nem aspereza, nem grosseria entre eles, só distanciamento, indiferença, alguma coisa assim.

Geralmente se falavam para pedir alguma coisa referente à filha Juliana, porém sem nenhuma afetação. Às vezes, até comentavam qualquer assunto de interesse geral, perguntavam e respondiam com naturalidade, sem irritação, mas com total distanciamento afetivo.

A relação entre Túlio e Dora havia esfriado e ficado mecânica, sem emoção, automática, apenas voltada ao bem-estar da menina e aos interesses em comum, relativos à convivência. Eles tinham se acomodado frente àquela situação cada vez mais desinteressante. Poucos amigos os visitavam de vez em quando, para jantar, assistir tevê e só. Eles mesmos, com a desculpa de cuidar da menina, nem saíam mais.

Túlio mergulhava cada vez mais no trabalho e em outros interesses como a leitura de livros ou revistas e pesquisas no computador.

Por conta disso, de um tempo para cá, ele costumava viajar na sua memória, voltava cheio de saudades de uma época em que pintava quadros, levava-os a exposições e galerias para expor, o que ocorria bem antes de começar a faculdade, de conhecer Dora. Depois, passou a pintar e a expor bem menos, na época do namoro e da pós-graduação. Um tempo de muita pressão para ele.

Atualmente, Túlio não se dedicava mais à pintura, pois não tinha dinheiro sobrando nem tempo integral para isso e, agora, acreditava que não havia sentido em investir na arte, tendo uma filha para criar; pelo menos, esse era seu pensamento, ou sua desculpa. Também achava que o reconhecimento da crítica, dos apreciadores, era muito lento e que, em consequência, as vendas seriam demoradas, e havia perdido muito tempo parado enquanto completava a pós-graduação e acompanhava a gravidez de Dora.

Quando a filha Juliana nasceu, Túlio precisou ir à luta para valer, arregaçar as mangas na área profissional, na qual se habilitou para garantir um salário no fim do mês e sustentar a família com dignidade, e isso aconteceu quando ainda estava na metade da pós-graduação. Depois, deu duro para administrar tudo, estudar e defender a tese enquanto cuidava da família.

Conseguiu, e era disso que ele se orgulhava.

Mas ainda tinha sonhos e planos de trabalhar por um tempo, talvez ainda muitos anos, e viver da arte somente depois que fizesse um pé-de-meia.

Túlio costumava dizer que ainda bem que atendeu seus pais em primeiro fazer uma faculdade, depois a pós-graduação, para aí sim se dedicar à arte totalmente. O pai lhe dizia que:

— Devemos sempre ter um plano B, uma segunda profissão ou mais, caso dê alguma virada na vida!

Assim, seu sonho de viver da arte precisou ser adiado indefinidamente. Desmoronou-se ainda antes dos primeiros passos, por conta das dificuldades financeiras e de tudo mais que foi acontecendo em sua vida; mas não se sentia infeliz por isso não, apenas comentava o que achava que fazia parte da sua vida.

Bem lá no fundo, porém, Túlio ainda guardava uma pequena chama acesa na esperança de dias melhores em que pudesse reservar um tempo para esse fim.

— Quem sabe um dia... – pensava esperançoso.

Em seu subconsciente, já guardava a ideia, algo que seu próprio pai um dia havia lhe dito, de que um filho é um ser do qual somos eternamente responsáveis, em todos os sentidos, pelo seu crescimento evolutivo e espiritual. É parte de nós, do nosso coração, sendo biológico ou adotivo, e merece de nossa parte, no mínimo, uma vida decente, digna, com atenção, estudo e saúde, atendidos a tempo e a hora; sem falar no amor incondicional e em toda dedicação.

Capítulo 2

Dora havia se formado um pouco antes de Túlio e estagiou até quase o momento de Juliana nascer. Ao final da licença-maternidade, ela decidiu deixar de trabalhar fora para cuidar da filha e passou a fazer algumas traduções em horários de descanso da neném, em casa mesmo.

Mas, como cuidar de uma criança requer vinte e quatro horas de cuidados, alerta e muita atenção, sem falar no cansaço, sobrava pouco tempo para qualquer atividade remunerada que não exigisse compromisso de horário e presença no local de trabalho. Mesmo assim, com seu trabalho informal e muito esforço, Dora ainda ajudava nas despesas de casa.

E, para sua felicidade, Túlio reconhecia seus predicados de mãe e trabalhadora responsável e a elogiava por isso, o que acalentava um pouco o seu coração, que já andava solitário.

Túlio e Dora se conheceram ainda na faculdade, quase no final do curso. O relacionamento se tornou cada vez mais próximo, mais íntimo e, em pouco tempo, resolveram morar juntos, mesmo sem casamento oficial.

Tudo corria bem, apesar de os dois passarem mais tempo estudando e fazendo trabalhos do que juntos. Até que, certo dia, Dora o avisou de que estava grávida. O choque foi grande para ambos, pois haviam feito muitos planos, inclusive de não terem filhos nos primeiros anos da vida em comum. O casal pretendia trabalhar e se organizar melhor, comprar um apartamento, um carro para cada um etc, mas levaram em consideração que bobearam na hora de se prevenir contra a gravidez e que teriam de arcar com os acontecimentos.

Não consideraram um aborto, em hipótese nenhuma. Se o bebê estava a caminho, seria recebido com muito amor e ofereceriam o melhor deles como pais. Mas, a partir dali, talvez por não conseguirem manter o que haviam acordado anteriormente, a relação do casal ficou trincada como um vidro, e as coisas já se tornaram diferentes entre os dois.

Os meses seguintes foram de muita tensão emocional para eles. Estágios, trabalhos e cronograma de encerramento de curso e formatura, tudo era muito tenso.

E, assim, sem terem o tempo hábil para se conhecerem um pouco melhor, mais uma relação entre duas pessoas poderia estar caminhando para o abismo das desilusões, onde os planos são interrompidos logo nos primeiros momentos, o que geralmente ocorre quando há uma quebra do encanto inicial e o relacionamento entra logo na rotina, que se soma às dificuldades naturais que tendem a matar o romantismo aos poucos entre os casais que não se preparam para essa nova vida a dois.

Túlio chegou a conversar sobre uma possível separação, sobre a compra de um apartamento no mesmo prédio para ele acompanhar o crescimento da filhinha e tudo mais, mas Dora não aceitava, apresentava um quadro de ciúmes. A esposa mal dominava o sentimento de posse, tinha o pensamento fixo em não admitir que Túlio fosse de outra pessoa, mesmo que não fosse dela, o que o aborrecia muito.

Ele, de sua parte, agia como se não sentisse mais nada por Dora e, se algum dia tivera amor por ela, esse amor já não mais existia.

E era assim que seguia a relação do casal em tão pouco tempo de união. Eles ficavam cada vez mais em silêncio na presença um do outro, sem ter o que conversar naquela fase de distanciamento, momento tão aflitivo entre os casais.

Enquanto, para a maioria dos casamentos, seria apenas uma fase crítica, uma fase do relacionamento em que o casal ajusta seus costumes e tenta uma adaptação maior em comum, para Túlio e Dora parecia que o amor, sentimento maior que os unira, definhava vertiginosamente, e que uma fria e dura parede se levantara entre os dois.

Apenas o verdadeiro interesse pelo bem-estar da filha os unia realmente e os mantinha naquela situação. Juliana era tudo o que importava para eles de verdade e, por ela, o casal estava se acomodando lentamente a uma fria e mecânica relação.

Enquanto isso, para compensar essa solidão a dois, a persistente lembrança de um rosto incógnito voltava à mente de Túlio, fazendo-lhe companhia por alguns instantes.

Insistentemente, e cada vez mais, Túlio a desenhava detalhadamente em sua lembrança. Sempre que estava a sós ou num momento como esse de abstração, parado no trânsito, lembrava-se do rosto de uma mulher misteriosa. Era tão forte a lembrança, que conseguiu cristalizá-la em sua mente a ponto de parecer tocá-la, sentir seu perfume, o calor da sua pele. Outras vezes, a via no meio da multidão, numa passagem rápida, daquelas que deixam dúvida se viu ou não um rosto conhecido no meio de um mar de gente que cruza seu caminho.

Capítulo 3

Nesse momento, o casal estava na estrada que levava à saída da cidade, mais precisamente ao interior do estado. Viajavam na direção da rodovia Anhanguera, que já estava congestionada por conta do feriado prolongado, e era necessário tomar cuidado. Sempre se corre algum risco na maioria das rodovias de intenso movimento.

Eles iriam visitar os pais e os sogros, o que faziam sempre que possível para aliviar a tensão da cidade grande. Juliana parecia adorar visitar os avós, como a maioria das crianças. Apesar da crise, o casal a amava e a mimava como a uma princesinha.

Túlio parou ali o desenho imaginário, respirou fundo olhando pelo retrovisor para observar sua amada filha, de menos de um ano, dormindo na cadeirinha atrás do banco do passageiro. Olhou para o lado e viu Dora, sua esposa, examinando as unhas pintadas de vermelho escuro, quase na tonalidade de um vinho de boa qualidade.

Por um momento, desses que não sabemos como explicar, aquela cor lhe trouxe a lembrança do primeiro jantar a dois, numa noite de inverno, quando foram a uma cantina italiana e tomaram um vinho. De tão saboroso e inesquecível, por um instante, ele sentiu na boca o suave sabor daquela bebida.

Aquela tinha sido uma noite perfeita para ambos.

Finalmente, olhou para o carro à frente, literalmente parado, assim como eles, com o motorista para fora da porta apreciando o enorme congestionamento que antecipava o feriado prolongado.

Divagava ainda sobre a vida quando, de repente, a fila andou, e um carro que estava atrás se embrenhou por entre os carros, forçando a ultrapassagem e quase causando um acidente.

O xingamento foi geral, e Túlio ficou possesso de raiva e indignação. Começou a gritar palavrões, ajudado por Dora, que gesticulava e também gritava impropérios, causando mais e mais atordoamento. Pareciam querer exorcizar seus demônios e colocar para fora seus ódios, suas dores, sombras, raivas, tristezas e mágoas.

Com o barulho todo, a menina Juliana acordou e começou a chorar desesperadamente, colocando um ponto final naquela pequena alteração entre os dois.

Naquele momento, eles perderam totalmente a boa sintonia com a qual iniciaram a viagem, e Túlio, muito nervoso ainda e já com incômodos pelo corpo, seguiu bastante alterado por um tempo.

Ultimamente, sempre que se irritava, sentia logo dores pelo corpo.

Finalmente, a fila acelerou, o que exigiu um pouco mais de atenção e calma do motorista. A menina, que já havia se acomodado, deu um leve gemido, fazendo beicinho para chorar. Dora prontamente lhe deu um pouco de água e brincou um pouquinho com ela. Em seguida, entregou-lhe um bichinho de pano e, depois, estendeu a mão para aumentar o volume do rádio.

Na mesma hora, a música que tocava parou, e um locutor avisou os ouvintes sobre a previsão do tempo na região, que também não era lá muito animadora. Iria chover todo o final de semana, e as estradas estavam na maioria congestionadas, o que exigia mais atenção e cuidados.

Viajaram algumas horas, praticamente todo o percurso em silêncio, debaixo de muita chuva. Ouviam músicas e notícias no rádio até que se deram conta de que já estavam chegando à cidade de destino, e uma inquietação desconhecida tomou conta dos dois, causando uma discreta aflição.

Não comentaram o que estavam sentindo, porém a sensação era realmente muito estranha. Túlio sentiu mais ainda os incômodos pelo corpo e o coração acelerado, mas pensou que era por conta da tensão da viagem.

Ele, então, diminuiu um pouco mais a velocidade do carro, ligou a seta de sinalização e foi tomando a direita com mais cuidado ainda, seguindo em direção ao trevo de entrada à pequena cidade.

E foi nesse exato momento que tudo aconteceu; surgiu um cachorro de porte grande, meio perdido, assustado com alguma coisa, e atravessou correndo na frente do carro, provocando uma ação reflexa de Túlio que, dando uma guinada para a direita e depois para a esquerda, seguido de uma reviravolta, fez o veículo dar um salto espetacular, batendo em mais dois carros que faziam a conversão também, indo para a lateral à direita.

Com a pancada, os outros veículos voaram também alguns centímetros acima do solo, indo se estatelar, amontoados, no centro do pequeno trevo, como se fossem carrinhos de brinquedo jogados por uma criança.

Já passava das dez horas da noite. Por um momento, tudo se apagou e, ironicamente, o som do rádio, que permaneceu ligado, repetia os cuidados que os motoristas deveriam ter nas estradas em dias de muita chuva.

Capítulo 4

Uma semana depois, durante a madrugada, Túlio acordou numa cama de hospital. Um enfermeiro apareceu ao seu lado logo em seguida e lhe deu boas-vindas, desejando bom retorno à vida. Ainda sem se lembrar do que havia acontecido e sem saber o que dizer, ficou parado olhando para o rapaz de azul todo sorridente, que lhe segurava o pulso e conferia a aparelhagem ligada a ele, enquanto dizia:

— Fique calmo, senhor Túlio, agora está tudo bem. Vou chamar o doutor Ney, que está de plantão, para conversar com o senhor, tudo bem?

Em seguida, saiu do seu lado, cruzando com outra colega que chegava e, bem animados, comentaram sobre o seu acordar depois de tantos dias.

Pouco depois, um senhor de cabelos brancos e avental verde, segurando um estetoscópio, chegou acompanhado de mais um enfermeiro, para examiná-lo com atenção. Era o Dr. Ney, responsável pela UTI naquele plantão.

Aproximaram-se do leito também mais dois médicos, que foram chamados para examinar Túlio, que estava, até então, na mesma posição, em silêncio e um tanto letárgico.

Todos, em silêncio também, posicionaram-se ao redor do leito, acompanhando os movimentos do médico mais velho, Dr. João, o Neurologista e Neurocirurgião.

Trocaram alguns pareceres entre si, e um deles saiu para buscar uma medicação solicitada pelo Dr. Ney, enquanto outro conferia a aparelhagem e os medicamentos injetáveis para um terceiro anotar na prancheta. Os enfermeiros observavam e aguardavam as orientações.

— Como está, senhor Túlio? – perguntou, solícito, o médico, enquanto passava a examinar e a conferir os sinais vitais e o seu raciocínio. — Está se sentindo bem? Sente alguma dor, quer alguma coisa, tomar água ou comer?

Por um momento, Túlio ficou olhando detidamente um por um e, depois, quase sem voz, respondeu:

— Não sei...

— Mesmo assim, não se preocupe. O senhor apagou por vários dias, depois do acidente, e é normal ficar um pouco confuso. Não force nada, aos poucos as lembranças voltarão.

— Acidente? Não me lembro de nada...

O médico falou sobre o acidente justamente para despertar a memória de Túlio.

— Tudo bem, vamos lhe servir um alimento leve, e você deve dormir mais um pouco em seguida. Mais tarde, provavelmente, as lembranças voltarão naturalmente, não se deve forçar...

Em silêncio, Túlio se deixou cuidar e, quando a atendente lhe trouxe o prato de canja, ele descobriu que estava com fome e que aquele alimento tinha vindo em boa hora.

Com a ajuda do enfermeiro que o observava e anotava todo o seu comportamento, sentou-se na cama e recostou-se na cabeceira erguida e forrada com dois travesseiros.

Respirou fundo e fechou os olhos por um momento. Seu cérebro permanecia sem pensamentos lógicos. Havia um desinteresse no olhar, que foi anotado pelo enfermeiro na prancheta, no item específico sobre o comportamento do paciente.

Levou a primeira colher aos lábios e, para sua surpresa, achou a sopa deliciosa.

Em seguida, depois de sorrir e oferecer o alimento, com um discreto gesto, ao enfermeiro, Túlio continuou alimentando-se devagar. Depois do pequeno esforço, pediu para deitar novamente a cabeceira da cama e dormiu tranquilamente.

Logo após acomodá-lo, o enfermeiro novamente conferiu os dados e saiu, dirigindo-se para a sala ao lado.

Mais alguns dias se passaram, e Túlio continuou se restabelecendo a olhos vistos, apesar de dormir bastante, até que saiu da UTI e foi transferido para um quarto. Mas ainda dormia a maior parte do tempo.

A cama ao lado da janela permitia que Túlio visse uns arbustos do lado de fora e pudesse sentir o Sol da manhã, que lhe cobria o rosto com suavidade.

Até aquele dia, ele havia se lembrado de pouca coisa. Em alguns momentos, uns flashes de memória traziam de volta o vulto de um cão enorme, perdido à sua frente enquanto circulava na rotatória e via que, num movimento desesperado, para não atropelar o cão, ele tirava o carro para o outro lado bruscamente, e tudo se apagava novamente.

Túlio estava acordado e buscava se lembrar dos detalhes do acidente quando ouviu leves toques na porta e, em seguida, ela foi se abrindo devagar, deixando passar um senhor de cabelos brancos e olhar preocupado e, logo atrás, também uma senhora, com um leve sorriso nos lábios. Eram seus pais.

— Filho, que bom que você já está no quarto e acordado – disse a mãe, com um sorriso largo no rosto.

— Temos vindo todos os dias, mesmo durante o período que ficou na UTI, mas sempre o encontramos dormindo e, não querendo incomodar, íamos embora devagarzinho, para não acordá-lo, mas sempre orando...

— ... e lhe dando um passe – disse o pai, completando. — Que bom vê-lo assim, bem-disposto e podendo conversar...

— Papai, mamãe – respondeu Túlio, feliz por ver rostos conhecidos –, o que aconteceu com Dora e Juliana? Não vieram me ver... mas me lembrar delas... estávamos no carro e sofremos um acidente com capotamento na rotatória da cidade... lembro-me de um cachorro grande atravessando na nossa frente...

Aquele era o único assunto que o senhor Germano e dona Branca, seus pais, não queriam ter de tratar com o filho.

— Sabe, meu filho... – foi o pai de Túlio quem começou a dizer, meio sem jeito – eu não queria ser a pessoa a lhe contar isso, mas não tem como esconder... Infelizmente, elas não sobreviveram... voltaram para a casa do Pai.

— Estamos aqui com você, filho querido – completou a mãe, com os olhos cheios de lágrimas –, e seguimos sempre orando pela sua recuperação.

Em silêncio, Túlio deixou grossas lágrimas escorrerem pelo rosto, e soluços lhe embargaram a garganta, em total desespero. Sua mãe o abraçou carinhosamente, confortando-lhe o coração amargurado.

Discretamente, o senhor Germano acionou a campainha na cabeceira do filho, e logo apareceram dois enfermeiros. Assim que entraram, deram-se conta, pelo olhar do pai, que o filho tinha sido informado do restante da tragédia.

Túlio ainda soluçou por algum tempo, até que pareceu ter esvaziado toda a sua alma em lágrimas de dor.

Após uma leve medicação relaxante, oferecida pelo enfermeiro, o paciente tornou ao sono profundo e reparador. Seus pais ainda permaneceram algum tempo ao seu lado, orando e pedindo aos bons espíritos que assistissem o filho querido naquele período tão difícil de sua existência.

Em seguida, saíram silenciosamente.

Capítulo 5

Passaram-se mais alguns dias, até que os médicos passaram a considerar Túlio um pouco mais animado, e foi melhorando, gradativamente, seu estado físico, apesar de dormir a maior parte do tempo.

— Quanto ao estado mental e emocional, haverá a necessidade de um acompanhamento psicológico – disse o médico para os pais de Túlio quando lhe deram alta.

Recuperando de vez as forças, Túlio voltou para casa e, finalmente, ao seu trabalho, para, logo em seguida, pedir transferência para a cidade do interior a fim de ficar ainda mais perto de seus pais e poder continuar seu tratamento psicológico e, como sugerido pelos próprios pais, também o espiritual. Antes, porém, voltou ao lar onde viveu com Dora e quase um ano de alegria na convivência com Juliana, sua amada filha.

Meses depois, como acontecia com frequência, Túlio teve uma crise durante o trabalho. Ele parou por uns momentos, sentindo muitas dores pelo corpo, e começou a se relembrar de tudo o que viveu, e voltou a chorar de saudade ao lembrar-se do dia em que, junto de sua cunhada e sua sogra, abriu o apartamento, que estava fechado desde o acidente. Ao saírem os três, e ainda diante da porta, ele entregou as chaves àquelas mulheres que, como ele, também sofriam a grande perda e sugeriu a elas que dessem o melhor destino às coisas de Dora e da filhinha. Colocou suas poucas coisas no carro e despediu-se das duas com um longo e sofrido abraço, colocando-se à disposição, caso precisassem dele.

Túlio entrou no carro ainda com os olhos úmidos e rumou novamente para a casa dos pais, considerando que estivesse fechando de vez aquele ciclo em sua vida.

Os amigos, que já estavam se habituando a esses momentos de tristeza, vinham até ele, permitiam que ele chorasse em silêncio, depois lhe ofereciam um café e ficavam ali conversando banalidades para que ele, pouco a pouco, se recuperasse e voltasse ao trabalho.

Felizmente, Túlio tinha amigos sinceros e generosos naquele trabalho, pois a compreensão deles naqueles momentos pesados e difíceis foi fundamental para sua total recuperação e equilíbrio, e ele era eternamente grato a todos eles.

Capítulo 6

Dois anos se passaram desde o trágico dia. De vez em quando, as lembranças voltavam a atormentar Túlio, mas, aos poucos, elas iam ficando mais distantes.

Haveria a festa de final de ano dos funcionários, com troca de presentes, amigo-secreto e algumas brincadeiras naturais para essas ocasiões. Túlio não estava interessado em nada disso, mas, um pouco empurrado pelos pais e colegas, resolveu ir.

Foi o último a chegar ao restaurante onde seria realizada a confraternização e trazia na mão um livro embrulhado para presente, que daria ao seu amigo secreto.

Depois de cumprimentar a todos, sentou-se bem na ponta da mesa, ao lado de uma moça sorridente e desconhecida, provavelmente de outro departamento da empresa. Passaram todo o jantar conversando sobre amenidades, e Rebeca confirmou ser mesmo de outro departamento, e se divertiram juntos com as brincadeiras de praxe.

Ao final, Túlio se ofereceu para acompanhá-la até em casa, mas, como ela havia ido de carro, apenas trocaram telefones e ficaram de se encontrar dois dias depois para assistirem a uma peça de teatro na cidade vizinha.

Naquele momento, parecia que uma luz se acendia no peito de Túlio, que havia muito não sabia o que era ter um sentimento que não fosse de tristeza; ao contrário, ele sentiu uma alegria imediata, seu coração começou a pulsar e uma emoção umedeceu seus olhos. Sorriu espontaneamente, apresentando-se com naturalidade à simpática colega.

E tudo rolou com tanta naturalidade, que eles sentiam que aquele encontro estava escrito nas estrelas e foram logo se envolvendo e se apaixonando, percebendo que aquilo tudo era sincero, verdadeiro.

Foram vivendo assim, cada vez mais envolvidos, e logo começaram a fazer planos para uma vida em comum, cheios de sorrisos e alegrias, e totalmente apoiados pelos pais dele e pela família dela também, principalmente ao saberem de toda a tristeza que havia se abatido anos antes na vida dele.

— O recomeçar é imprescindível – disse o pai da moça. — Não podemos estacionar, por pior que a situação se apresente. É fundamental olhar e caminhar para frente, sempre.

Assim, o tempo foi passando entre o trabalho e o lazer, e a ida de Túlio, aos domingos pela manhã, ao centro espírita, para assistir à palestra na companhia de seus pais e, com o tempo, na de Rebeca também.

Para Túlio, tudo estava acontecendo de modo muito rápido. Em menos de um ano de casados, Rebeca, feliz da vida, deu-lhe a boa notícia de que ele seria papai novamente.

Realmente, Túlio se sentiu o mais feliz dos homens, tão feliz que começou a chorar como se ele achasse, por um momento, que não merecia tanta alegria, tanta felicidade.

— Obrigado, meu Deus! Muito obrigado por me proporcionar tanta felicidade e por me dar nova chance de ser feliz.

Abraçado à esposa, elevou seu pensamento a Deus, cheio de gratidão e alegria de viver.

E, assim, passaram-se os meses...

Capítulo 7

Rebeca estava com uma linda barriga e sentada na cama do casal. Tentava, com dificuldade, pintar as unhas dos pés. Túlio estava ao seu lado, navegando na internet com seu notebook, enquanto conversavam.

— Por que você não vai pintar os pés no salão, na manicure, ou melhor, na pedicure?

— Eu já estive no salão ontem, mas não passei o esmalte porque estava com pressa e deixei para depois, agora não vou voltar lá – resmungou ela. — É só uma pincelada e está pronto... Você não quer pintar para mim?

— Acho que, mesmo com toda essa dificuldade, você ainda pinta melhor, mas posso tentar.

E, apanhando o vidrinho de esmalte, Túlio começou a pincelar as unhas de Rebeca enquanto continuavam conversando.

— O que você comprou para dar de presente ao seu irmão? – perguntou Túlio.

— Uma camisa bem bonita – respondeu ela. — Meu irmão Ildefonso vai gostar.

— E você acha que está se sentindo bem para ir ao aniversário esta noite? –ponderou Túlio. — Provavelmente, a festa entrará pela madrugada, e teremos de pegar um pedaço de rodovia...

— Estou muito bem, querido, e não perderia essa festa por nada, estou até vendo o festão que vai ser – respondeu Rebeca, para acalmar Túlio de suas lembranças. — Aquele pessoal, os amigos dele que têm aquela banda que tocou no nosso casamento, que vai fazer a festa, e será muito legal. Os aniversários dele são sempre muito bons e animados e, depois, se eu não me sentir bem, voltamos para casa e pronto.

Túlio permaneceu pensativo, meio distraído, enquanto ouvia Rebeca dizer:

— Olhe só! Você leva jeito para manicure, ficou bom para quem não é profissional da área.

E, por alguns momentos, ficaram ali, entretidos naquela função de pintar as unhas, rindo e brincando com alegria. Era muito prazeroso para ambos estarem conversando e fazendo qualquer coisa juntos.

Eles realmente tinham afinidade, e Túlio tinha adquirido, graças aos pais espíritas, o hábito de abraçar longamente as pessoas amigas e queridas, principalmente Rebeca, que adorava ficar encolhida em seus braços carinhosos, sem pressa, como se o tempo parasse.

Mais tarde, foram à festa de aniversário de Ildefonso, irmão de Rebeca. No evento, o conjunto musical tocava belas músicas, variadas, e alegrava a todos. Havia muitos convidados, a festa estava bem animada.

Lá pelas tantas, Túlio encontrou um amigo do tempo em que estava casado com Dora, e ficaram conversando sobre amenidades, o passado etc.

De repente, Túlio sentiu que seu corpo começava a doer como havia muito não sentia e, por uns momentos, uma tristeza profunda tomou conta do seu ser, provocando-lhe um frio na espinha e uma sensação de mal-estar.

Disfarçando o desconforto, pediu licença ao amigo com a desculpa de cumprimentar alguém e se afastou para o outro lado da sala, na direção da porta que dava para o jardim, onde ficou por uns momentos respirando fundo, olhando o céu, naquela noite estrelado, e orando para reaver o equilíbrio.

Rebeca o encontrou ali e, sem perceber nada, foi logo avisando que veio buscá-lo para cantarem o Parabéns.

Por um instante, Túlio a olhou de forma intensa e a achou muito mais linda e deslumbrante, cheia de saúde, com os cabelos louros em anéis que caiam pelos ombros, resplandecendo felicidade, enquanto exibia com orgulho a linda barriga.

Novamente, o frio correu sua espinha, transpassando uma tristeza profunda ao coração. Abraçou-a longamente, e ela, como sempre, deixou-se ficar aninhada em seus braços, até que ouviram as primeiras vozes alegres cantando o Parabéns e foram naquela direção.

Enquanto caminhava, Túlio ia com o seu pensamento em Deus, seguindo atrás dela e, ao mesmo tempo, pensando:

"— Que coisa inquietante, que sensação estranha..."

Ildefonso, amigo de Túlio, irmão de Rebeca, era o centro das atenções enquanto explicava aos convidados como aconteceria um leilão que faria em seguida.

Assim, no salão, repleto de pessoas, só se ouvia a voz grave do leiloeiro:

— Dou-lhes uma, dou-lhes duas e dou-lhes três! Vendido para o cavalheiro lá do fundo!

E o cavalheiro do fundo era Túlio.

E, assim, foi o arremate da massa falida de uma fazenda chamada Belo Recanto, pertencente à família do Sr. Tomás Seraphim de Madeira, por acaso tataravô de Ildefonso e que, por quatro gerações, foi dono daquelas terras, antes de ser vendida para alguém que não sabia administrar uma fazenda de café, levando-a à falência.

E todo feliz e exultante, rodeado pelos familiares e convidados, Ildefonso Seraphim de Madeira continuava contando detalhes do leilão, enquanto os convidados vibravam de alegria, entre eles Rebeca, sua irmã, e Túlio, seu cunhado.

— Ah, e o mais importante – continuou –, encontrei num dos quatorzes quartos da sede da fazenda uma porção de coisas da nossa família. O quarto estava fechado e parece que nunca fora aberto, com tudo muito bem guardado, apesar da poeira acumulada por muitos anos.

Tem muitas pinturas em tela, alguns documentos, cadernos de anotações do que ocorria na fazenda, contas e negócios feitos, tudo detalhado. Até o nome de alguns animais que deram crias, quantas crias etc.

Também tem algumas caixas de madeira contendo mais papéis, que não cheguei a ver ainda, fotos que olhei só por cima, telas pintadas a óleo retratando familiares. Tudo guardado. Tem um baú enorme com prataria e louças finas, importadas.

Enfim, a história toda da família ali resguardada por anos. A vida e a história de nossos ancestrais, nossos tataravós, bisavós e avós está toda ali, confinada num quarto de fazenda. Agora, irei resgatar.

Não, os avós não, eles já haviam deixado a fazenda, ficou uma geração inteira para trás, longe da fazenda. Agora, reatarei esse laço com o passado. Pena que nossos pais não estão aqui para participar de tudo, não é, Rebeca?

— Por que será que guardaram tudo assim? – comentou um curioso sobre o caso. — Compraram a fazenda e não usaram nada...

— Provavelmente porque aquilo não devia fazer parte do negócio, talvez tenham ficado de voltar para buscar e, por algum motivo, não voltaram, e acabou ficando separado e guardado esse tempo todo.

— Você vai mesmo transformar aquilo tudo num hotel fazenda? – perguntou alguém.

— Sim, uma boa parte do terreno eu pretendo transformar, sim, num Hotel Fazenda – respondeu Ildefonso. — Será uma maneira de reaver e manter a nossa história de forma autossustentável. Porém, vou restaurar a parte de plantação de café como foi um dia.

— Que bom! – comentou Rebeca. — Será interessante conhecer como viviam os nossos bisavós, tataravós, enfim, saber como era que se vivia naquele tempo, naquela fazenda.

— Ah, também me esqueci de falar que há muita água, e da boa, tem nascente e um rio estreito que ainda passa por lá.

— Não vejo a hora de conhecer a fazenda e toda a história deles, quem sabe a gente até escreva um livro, não é? — falou Rebeca, entusiasmada.

— Tem muita coisa escrita também, como se fossem diários, não parei para ler, só folheei um deles por cima, só para ver do que se tratava, mas devem ser relatos de acontecimentos, talvez.

Ainda bem que a pessoa que comprou respeitou e preservou toda a nossa história. Provavelmente, sem nunca ter visto o que havia ali guardado, vai saber... Poderiam também ter jogado tudo fora, vendido, sei lá, afinal, têm coisas de valor.

Que bom que não! Assim, poderemos reaver tudo.

Também vi, em um canto, um cavalete de pintura dos grandes e uma tela com uma pintura linda de um cavalo correndo ao vento. Estava coberta por um pano. Acho que alguém na família tinha dons artísticos. Quando voltar lá, vou trazer as telas e mandar restaurar para usá-las na decoração. Olhei rapidamente e as achei lindas, aliás, é tudo lindo, fico até emocionado só de pensar que meus antepassados usaram, escolheram e fizeram aquelas coisas, construíram aquele casarão, compraram os objetos...

E a festa continuou pela noite adentro, animada pelo conjunto musical e pelos demais cantores improvisados, que se divertiam muito.

Já passavam das duas e meia da madrugada quando Túlio e Rebeca entraram no carro, depois das despedidas efusivas dos que ficaram, e se dirigiram para a rua lateral, que os levaria para a via expressa, rumo à saída da cidade.

Ao se aproximarem do cruzamento, os semáforos estavam piscando para todos os lados em alerta, e Túlio reduziu bem o pé do acelerador até parar totalmente, para olhar bem antes de atravessar.

De repente, Túlio sentiu um calafrio percorrer o corpo e um gosto amargo surgiu na boca imediatamente, causando a inevitável aceleração cardíaca e os demais sintomas que lhe fizeram lembrar-se da mesma sensação que tivera no outro acidente.

Naquele instante de pavor, que ele já conhecia bem, ainda teve tempo para elevar o pensamento, pedindo a Deus proteção enquanto assistia, impotente, a dois carros embolados rolarem na sua direção.

Infelizmente, as forças do destino são mais fortes que a nossa vontade e, naquela madrugada, uma caminhonete grande e mais um carro pequeno transitavam em sentidos opostos em alta velocidade, e de forma tão irresponsável, que não tiveram como evitar a colisão com o carro de Túlio, bem do lado do passageiro.

Não deu tempo para nada. A pancada violenta entre os outros dois carros que vinham em sentidos opostos arremessou-os na direção do carro de Túlio e os jogou no lado oposto da avenida, capotando duas vezes.

Não houve oportunidade para que Rebeca e o bebê se salvassem daquele acidente. E, mais uma vez, Túlio se viu repetindo a mesma cena, a mesma tragédia, mais um filho morto, mais uma esposa morta.

Capítulo 8

— O que é isso, meu Deus? Como é que pode?

Dessa vez, Túlio não perdeu os sentidos totalmente, desmaiava e voltava, e chegou acordado ao hospital, apesar do choque. Parecia até que seu cérebro estava estranhamente iluminado, e repetia sem parar:

— O que será que aconteceu, meu Deus?

Eu não bebo, nem tenho vícios que me poderiam tirar o sentido dos meus atos e, mesmo assim, não consegui evitar mais essa tragédia. Eu estava parado, por que aqueles dementes não diminuíram a velocidade no cruzamento? Como pode alguém entrar num cruzamento daquela forma tão irresponsável?

E agora, meu Deus?

E agora?

Eu não preciso mais viver, que coisa horrível está se tornando a minha vida... Não consigo entender o que está acontecendo, será que estou ficando louco? Que provação é essa? Não entendo, não entendo! O que é isso, meu Deus? Como é que pode?

Rebeca, meu amor, perdoe-me!

Túlio gritava e soluçava dentro da ambulância, até chegar ao hospital.

Devido ao estado de choque extremo, ele foi levado a um coma induzido para reabilitar suas funções vitais e, mais uma vez, não teve a oportunidade de enterrar mulher e filho, seus amores muito queridos.

Cada vez que acordava e se dava conta do que havia acontecido, decidia que não queria mais viver, era muito para ele enterrar duas mulheres e dois filhos, era muito... Muito...

E caía em choro, convulsivamente.

E, assim, passaram todos aqueles dias que se seguiram ao acidente.

Túlio ainda estava mergulhado em seus pensamentos negativos quando seus pais entraram no quarto, o que fez com que irrompesse em lágrimas de amargura, cobrindo os olhos com a ponta do lençol, liberando toda a dor que rasgava o seu peito.

Em silêncio, os três, abraçados, uniram suas lágrimas para tentar aliviar a dor que novamente se abateu sobre eles.

Instantes depois, bem mais aliviados, o pai de Túlio pegou um copo d'água, colocou sua mão, ainda trêmula de emoção, a curta distância da borda e, sobre ela, proferiu uma prece e, assim, pediu assistência espiritual para o filho naquele momento tão difícil.

Deu a água para Túlio beber, e aguardaram que o filho encontrasse, pelo menos por enquanto, a harmonia e a paz em seu coração. Pouco a pouco, Túlio foi ficando tranquilo e meio sonolento. Em silêncio, sentaram-se quietos ao seu lado, aguardando que o sono o dominasse por completo para o devido repouso.

O senhor Germano, pai de Túlio, abriu o pequeno Evangelho que havia trazido e começou a ler bem baixinho o item 14, do capítulo 5:

— Bem-aventurados os aflitos.

"*A calma e a resignação, adquiridas na forma de considerar a vida terrestre e na fé no futuro, dão ao espírito uma serenidade que é a melhor defesa contra a loucura e o suicídio*".

E, assim, calmamente, os pais de Túlio conseguiram fazê-lo repousar, reaver momentaneamente o equilíbrio e, aos poucos, trazê-lo de volta à realidade de que nada acontece por acaso, dando-lhe forças, mais uma vez, para suportar os escolhos que a vida lhe ofereceu.

As suas provações necessitavam ser acompanhadas pelos pais amorosos que, todos os dias, na hora da visita, liam o Evangelho e que, unidos na fé em Jesus e nos Seus ensinamentos, encontravam a paz interior, confortando-o e transmitindo-lhe o equilíbrio.

— Quem somos nós, que mal suportamos os abalos que a vida nos oferece para o nosso amadurecimento espiritual, para a nossa evolução, para compreender os acontecimentos cotidianos da vida sem a luz do Evangelho?

— Convenhamos que é muito difícil! – comentou a mãe de Túlio.

E eles continuaram a leitura que fariam em casa, mas que resolveram fazer ali mesmo, no quarto do hospital.

— Livro dos Espíritos, codificado por Allan Kardec.

Fatalidade – Capítulo X – Questão 851 e demais.

"*851. Há uma fatalidade nos acontecimentos da vida, segundo o sentimento ligado a essa palavra; quer dizer, todos os acontecimentos são predeterminados, e nesse caso em que se torna o livre-arbítrio?*"

"*A fatalidade só existe no tocante à escolha feita pelo Espírito ao se encarnar, de sofrer esta ou aquela prova; ao escolhê-la ele traça para si mesmo uma espécie de destino, que é a própria consequência da posição em que se encontra. Falo das provas de natureza física, porque, no tocante às provas morais e às tentações, o Espírito, conservando o seu livre-arbítrio sobre o bem e o mal, é sempre senhor de ceder ou resistir. Um bom Espírito, ao vê-lo fraquejar, pode correr em seu auxílio, mas não pode influir sobre ele a ponto de subjugar-lhe a vontade. Um Espírito mau, ou seja, inferior, ao lhe mostrar ou exagerar um perigo físico, pode abalá-lo e assustá-lo, mas a vontade do Espírito encarnado não fica por isso menos livre de qualquer entrave."* – complementou a mãe de Túlio.

O pai de Túlio continuou os estudos, seguido pela leitura e pela complementação da mãe. De tanto estudarem juntos, era como se estivessem em permanente sintonia.

— *"852. Há pessoas que parecem perseguidas por uma fatalidade, independentemente de sua maneira de agir; a desgraça está no seu destino?"*

— *"São provações que elas devem sofrer e que elas mesmas escolheram. Ainda uma vez levais à conta do destino o que é quase sempre a consequência de vossa própria falta. Em meio dos males que te afligem, cuida que a tua consciência esteja pura e te sentirás meio consolado.*

COMENTÁRIO DE KARDEC:

As ideias justas ou falsas que fazemos das coisas nos fazem vencer ou fracassar, segundo o nosso caráter e a nossa posição social. Achamos mais simples e menos humilhante para o nosso amor-próprio atribuir os nossos fracassos à sorte ou ao destino, do que a nós mesmos. Se a influência dos Espíritos contribui algumas vezes para isso, podemos sempre nos subtrair a ela, repelindo as ideias más que nos forem sugeridas."

Assim que terminaram os estudos, os pais procuraram pelo doutor de plantão, conversaram sobre o estado de Túlio e decidiram quem iria ficar com o filho no revezamento. Estavam receosos em deixá-lo sozinho.

Capítulo 9

Depois de alguns meses, Túlio passou a frequentar, com mais assiduidade, o centro espírita junto aos seus pais e, pouco a pouco, o sofrimento se congelou em seu coração, anestesiando os seus sentidos de ser humano em lenta evolução.

"*Como acontece com a maioria de nós que habitamos este mundo de provas e expiações, passamos pela descrença, e às vezes ele pensava na morte como fuga e desacreditava em Deus em outros momentos.*"

Esta era a máxima à qual Túlio começou a se apegar e, para se fortalecer e para ocupar a cabeça, passou a dedicar a maior parte do seu tempo livre para as atividades do centro espírita. Trabalhava na biblioteca um período, outras vezes saía com o grupo fraterno na campanha do quilo etc. Sempre que aparecia alguma tarefa, Túlio era o primeiro a se oferecer.

Poucos percebiam que seu coração permanecia ausente, que aquilo tudo era apenas um autômato; no fundo, sua consciência lhe dizia que precisava continuar a lutar pela vida e a trabalhar muito para suportar e diminuir a dor.

E isso tudo não impedia que Túlio tivesse cravada a fogo em seu coração a pergunta:

— Por que tudo isso aconteceu comigo?

O pai de Túlio costumava dizer que a pergunta certa a ser feita seria:

— Para que, qual a finalidade dessa experiência em minha vida?

Quando Túlio entrava em depressão, novamente seus pais, que sempre o observavam em silêncio, convidavam-no a orarem juntos, pedindo a Deus forças para mais esse momento.

Assim, os dias iam passando, um de cada vez, para conseguir sobreviver.

Túlio emagreceu muito e envelheceu bastante também. Aparentava um homem muito mais velho do que era na realidade. O olhar perdeu o brilho e a palidez permanecia na pele sem viço; os cabelos ficaram rapidamente grisalhos nas têmporas. Entrou em licença médica no trabalho e virou um fantoche da rotina diária, sem vontade própria.

Certa noite, ao voltarem de uma palestra no centro espírita, seu pai passou-lhe o recado do irmão Antônio, responsável pelos trabalhos de desobsessão, convidando-o a participar de algumas sessões de tratamento espiritual direcionado, e que o convite vinha dos mentores da casa.

Túlio, que havia muito não decidia quase nada na vida e pouco se importava com o mundo ao seu redor, apenas confirmou com a cabeça, sacudindo os ombros de leve.

Assim, conforme ficou agendado, o grupo faria uma sessão por semana, destinada somente para o caso específico de Túlio, uma hora depois do término da atividade normal da casa e com o mesmo grupo de trabalhadores, enquanto houvesse necessidade.

Pelo seu estado físico ainda debilitado, Túlio permaneceria deitado em uma maca, fora do círculo de trabalhadores em oração e concentração e, assim que fosse melhorando, ficaria em uma cadeira também do lado de fora dos trabalhos.

E assim aconteceu durante muitas semanas, mais de um ano na verdade, e culminou com uma revelação aterradora para Túlio.

Parte 2

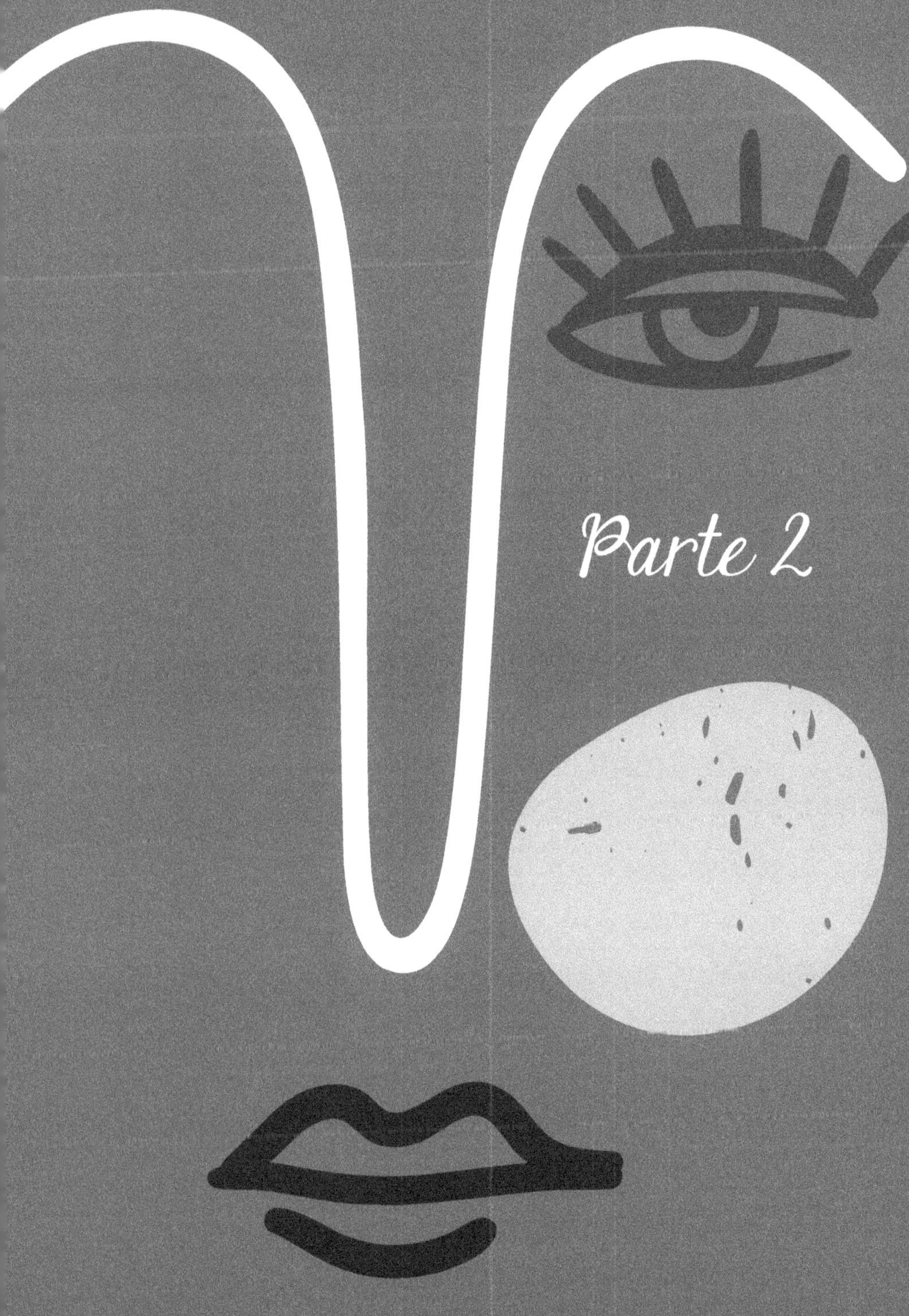

Capítulo 10

Era início de 1900, época em que os exportadores de café, cana-de-açúcar, borracha e demais produtos ganhavam muito dinheiro e compravam o que havia de melhor, mais bonito e mais caro. Foi nesse período que chegou aquele homem à grande fazenda de café, a bordo de um carro de aluguel, contratado para ir buscá-lo na estação de trem e levá-lo até aquele rincão de meu Deus, que mais parecia um paraíso de tanta beleza natural.

Havia imensas plantações de café a perder de vista, um pasto com algumas cabeças de gado para consumo, separado por uma cerca branca. Extensas hortas e demais alimentos ali eram produzidos, não havendo quase necessidade de a família sair às compras no vilarejo mais próximo.

Muitos empregados da Fazenda Belo Recanto eram vistos circulando na função de suas atividades. Mas, como não podia deixar de ser, havia coisas que vinham de fora, assim como roupas, utensílios e artistas, além de músicos em dia de festas para divertimento dos moradores e visitantes convidados.

O cavalo, comandado pelo homem que vinha alguns galopes na dianteira, rodopiou nervosamente diante do automóvel preto, dando um sinal de que era para estacionar ali. O motorista obedeceu de modo automático e parou o carro bem na frente da porta maior, que servia de entrada para a grande casa senhorial. Em seguida, o cavaleiro, que havia acompanhado o carro preto desde a porteira, como era de costume, depois de fazer um cumprimento com o chapéu, retirou-se para os fundos.

A casa grande, de cor amarela ocre e janelas azuis fazia jus ao nome, ostentava, entre outros cômodos enormes, nada menos que quatorze quartos e cinco compartimentos de banho completos, inclusive um deles ficava perto da cozinha para uso dos empregados. Um luxo para a época.

Assim que desceu do carro, que o havia trazido da estação de trem a alguns quilômetros dali, o homem, ainda jovem, não resistiu em rodopiar sobre si mesmo e admirar tão belo recanto, respirando fundo aquele ar puro de final de primavera.

Era um belo homem no auge da mocidade. Tinha os cabelos grandes e revoltos, camisa branca de colarinho aberto e mal-arrumado embaixo do colete escuro e suspensório. Usava mangas arregaçadas e um sorriso largo pairava no rosto amorenado de olhos brilhantes.

Atraídas pelo barulho do motor do carro, as mulheres da casa, entre criadas e patroas, vieram recebê-lo com a alegria natural, cheias de curiosidade. Mais alguns serviçais vieram de trás da casa para ver quem chegava. Quase todos sorriam e vibravam alegria, ainda que indiscreta, já que era pouco comum chegarem visitantes assim, repentinamente, ainda mais em um carro de luxo. Visita era coisa rara por aquelas bandas.

O cavaleiro, que havia se afastado rapidamente para os fundos da casa tinha ido avisar o patrão da chegada da visita.

— Quem seria tão afeiçoado rapaz? – pensava enquanto rumava de volta para seu posto de trabalho.

Esta era a pergunta interior de todos que se aglomeravam para vê-lo.

— Boa tarde, minha senhora – disse o visitante, de modo urbano. — Vim ao encontro do senhor Tomás Seraphim de Madeira. Ele se encontra?

— Sim, está na lida, mas já o criado foi chamá-lo – falou a esposa do senhor Tomás, a senhora Carmela, que imediatamente e sem saber por que não simpatizou nem um pouco com o rapaz. — Entre e se refresque um pouco.

— Obrigado.

O homem ajudou o motorista a desembarcar seus pertences e os deixou ali na varanda, perto da porta de entrada. Em seguida, acompanhou as mulheres até uma sala de refeições e sentou-se no lugar indicado pela senhora Carmela, que sentiu um arrepio esquisito lhe percorrer a espinha dorsal quando percebeu que o homem a encarava, o que não lhe foi nem um pouco prazeroso. Inicialmente, ficara feliz pela visita de alguém de fora, para quebrar a rotina, mas um gosto amargo na boca se instalou e, de repente, uma sensação ruim, um aperto no peito, deixou-a contrariada e muito intrigada.

Ainda assim, sem entender bem o que estava sentindo, Carmela cochichou algo com outra mulher, vestida de cor cinza, e ela entrou em outro cômodo rapidamente.

Duas moças, mais jovens, Nívea e Noêmia, sentaram-se ao lado da senhora Carmela, que as apresentou como filhas.

Quando o visitante ia pronunciar seu nome, entrou na sala um homem forte, de bigodes fartos, calçando botas altas e, alegremente, estendendo-lhe as mãos para um abraço.

— Ah, que bom que você aceitou o meu convite, que bom! – disse o pai das meninas. Queria fazer uma surpresa à minha família que, pelo visto, já o conheceu.

E, virando-se para a esposa, falou:

— Mas não dá para fazer o que combinamos sem a presença delas, precisamos de todos juntos.

Carmela, este é um pintor de telas que conheci na última viagem e o convidei para vir pintar nossos retratos. Ele se chama Rodrigo Honório, faz belos quadros e vai pintar alguns para nós.

— Prazer, senhor Honório! – disse a mãe. — Seja bem-vindo e fique à vontade.

Carmela baixou os olhos para não ter de encarar aquele olhar perturbador novamente. O visitante, porém, nem se deu conta do desconforto. Pelos costumes da época, tinha de haver toda uma demonstração de respeito, e ele parecia demonstrar entusiasmo demais para notar qualquer coisa estranha no ar naquele momento.

— Você já foi apresentado às meninas, Noêmia e Nívea? – perguntou Tomás.

— Sim, já tive o prazer, são belas moças as suas filhas e será um prazer retratá-las.

— Que bom, mas antes quero que você conheça a minha fazenda, meus cavalos, meus bois. Orgulho-me muito da minha propriedade – disse o pai das meninas e, por fim, sugeriu: — Tire alguns dias para isso antes de começar a trabalhar. O que acha?

— Obrigado, sinto-me honrado em ser seu hóspede – respondeu o visitante. — Farei o meu melhor trabalho, não quero decepcioná-lo.

Foi oferecido ao jovem Rodrigo Honório um aposento para dormir e um quarto para o seu trabalho. Assim, ele poderia dispor de seus apetrechos com mais liberdade, e seu quarto não ficaria cheirando a tinta e a solvente.

Passados alguns dias de reconhecimento do ambiente e das pessoas que ali moravam, Rodrigo Honório voltou a organizar seus apetrechos da arte de pintar. Organizou telas que construiu com os tecidos que trouxe da cidade, preparou o fundo das mesmas de forma artesanal e cuidadosa. Separou as tintas, compondo algumas com materiais colhidos em diversos lugares, e fez composições coloridas de beleza exuberante. Separou alguns pincéis de várias cerdas e tamanhos, todos importados, e de posse de uma lasca de carvão delineou alguns rabiscos em várias direções. Afastou-se um tanto da tela, dando dois passos para trás, e, quando ia dar continuidade aos traços, foi alertado por batidas na porta.

Era Dionísia, a empregada, chamando-o para o almoço.

A refeição, mais uma vez, transcorreu em clima de agradável conversa e, logo depois, todos voltaram às suas atividades, que não eram poucas por ali.

Rodrigo Honório preferiu sair a cavalo para visitar novamente um lugar muito convidativo ao relaxamento e à meditação, que ele havia descoberto em suas andanças e que, com o tempo, passou a ser o seu local favorito na fazenda. Levava consigo seu caderno e alguns lápis, o que já lhe proporcionou esboçar um lindo quadro com aquela paisagem.

Tratava-se de uma queda d'água que caía entre pedras e, logo abaixo, formava um gracioso e pequeno remanso de água clara e fresca, continuando a escorrer por entre pedras num leito raso. No primeiro dia em que esteve ali, não resistindo aos encantos do lugar, Rodrigo Honório até se banhou e, agora, todos os dias depois do almoço, e às vezes pela manhã bem cedo, ia àquele lugar para pensar na vida e desenhar no seu caderno esboços de algumas ideias.

O Sol já estava quase se pondo quando voltou ao quarto destinado ao seu trabalho. Apesar da pouca luminosidade, gostava de trabalhar no silêncio da noite. Para isso, fazia uso de dois lampiões e, na maioria das vezes, mais algumas velas, completando os trabalhos quase ao amanhecer, corrigindo, durante o dia, as tonalidades da tinta por conta da pouca iluminação noturna. Preferia trabalhar naquela insuficiência de luz, porque que lhe causava aconchego e introspecção.

Para não quebrar a rotina da casa, comparecia no horário normal para o café da manhã e, quando sentia necessidade de mais um pouco de sono, voltava a dormir.

Capítulo 11

Alguns dias se passaram na fazenda e, mesmo Rodrigo Honório tendo tudo à mão, a tempo e a hora, algo dentro dele já não ia bem, alguma coisa lhe causava inquietação e estranhamento. Andava se sentindo um tanto insatisfeito e, lá no fundo, até contrariado, não gostava de ser interrompido enquanto trabalhava e não sabia como dizer isso aos seus anfitriões, que tão bem o recebiam, mas a todo instante vinham conversar ou oferecer-lhe algo.

Às vezes, uma inspiração era interrompida por horas por conta de atividades das quais era convidado a participar, como assistir ao nascimento de alguns animais, a chegada de aves ornamentais ou coisas do gênero; e até mesmo para comer alguma coisa fora de hora.

Um tanto inquieto, perambulou pelo cômodo, indo e vindo várias vezes até a janela, e resolveu não tocar mais em nada enquanto não se acalmasse.

Assim foi por dias inteiros, mesmo permanecendo no quarto por longas horas, olhando pela janela e observando a paisagem à sua frente, ou deitado olhando para o teto, que era belo por sinal, todo trabalhado em madeira. Até que, na hora da ceia, diante de todos à mesa, resolveu explicar, com delicadeza, como funcionava o seu trabalho, que necessitava de concentração e um quase isolamento. Pediu que não se preocupassem com sua presença, que não o considerassem uma visita formal, que ele seria assim, mais um trabalhador da casa.

Dito isso, todos ficaram por uns minutos em silêncio, até que o senhor Tomás, olhando para sua mulher e filhas, tomou a palavra e garantiu que ele não seria mais importunado em seu trabalho e que deveria ficar à vontade para fazê-lo da forma que melhor lhe agradasse.

Mais alguns dias transcorreram tranquilamente, e Rodrigo não parava de trabalhar. Estava revigorado por se fazer entender sem nenhum conflito, após ia se despedindo, às vezes nos rascunhos, às vezes nas telas, ouvindo a sinfonia de pássaros por horas durante o dia, nas madrugadas e nos finais de tarde, quando a passarada avisava que o dia estava terminando e o Sol ia se despedindo. Tudo isso lhe dava um real prazer, um encantamento, que mais tarde fariam parte de suas agradáveis lembranças.

O dia amanheceu, permanecendo o tempo todo chuvoso e com ventos fortes, o que lhe deu nova inspiração para outras telas; continuando depois, por mais dois dias nublados e cinzentos. Tudo lhe servia de inspiração. Tentar reproduzir as maravilhas da Criação Divina, seu maior desafio desde que se propusera a pintar e a aprender aquele ofício tão criativo e artístico. Aquele lugar maravilhoso fazia pulsar mais forte o seu coração de artista.

Com o Sol aberto e claro, logo depois do café da manhã, Rodrigo apanhou sua tela, a maleta de tintas e pincéis e saiu caminhando até uma elevação que descortinava uma singela paisagem. Acomodou-se onde podia ver, na frente e em uma das laterais da casa grande, algumas plantas e arbustos e, ao redor, um gramado em que um cavalo pastava solitário. Mais adiante, depois de um pequeno aglomerado de pedras, algumas galinhas soltas de diversas raças e cores também ciscavam seu alimento.

Ao fundo, um varal de roupas coloridas dava graça ao recanto aconchegante. Pela chaminé, entre telhas escurecidas pelo tempo, via-se um tufo leve de fumaça acinzentada saindo num bailado todo peculiar.

— Perfeito! – exclamou para si mesmo.

Aquela foi a primeira tela a ser pintada, numa sequência de oito telas de porte médio, sobre a fazenda em si. A primeira a ser completada, para alegria e festa de todos, que a admiraram, pasmados na perfeição dos detalhes que o artista conseguiu capturar.

Quase um mês depois, já havia pinturas em dias de sol e nublados, e uma em especial, na qual o cavalo do senhor Tomás corria em plena ventania. Lindos trabalhos que foram sendo completados uns após os outros.

Depois desse período de quase quatro meses, foi que Rodrigo começou a pintar o dono da fazenda e sua família. Primeiro, reuniu a família na sala enorme, após o jantar, e fez vários esboços no caderno, delineando-os em diversas posições.

Em outros dias, cada um foi convidado a posar, sentado numa cadeira de espaldar alto, ou em pé, ao lado, levemente apoiado sobre um braço. As moças, em vestidos de cores suaves, que as faziam mais encantadoras, foram retratadas ladeadas por vasos de flores colhidas no jardim, tendo a janela de fundo ou diante da lareira.

A dona da casa também teve vários esboços feitos em diferentes lugares e com diversas vestimentas de festa, uma delas segurando um belo leque espanhol. Assim, Rodrigo Honório poderia ir adiantando as telas sem que fosse necessária a presença dos modelos. Ele os chamaria de novo apenas para conferir maiores detalhes da roupa ou expressão do rosto, aí sim necessitaria um pouco da presença de cada um, vestidos a caráter para aquela específica sessão de pintura natural.

Capítulo 12

Por muitos meses, o pintor permaneceu hospedado na fazenda, realizando calmamente o seu trabalho. A proximidade de todos, com o tempo, fez estabelecer uma amizade e uma intimidade maior entre eles, principalmente entre o pintor e as mocinhas, tão distantes da civilização e da vida da cidade, porém ansiosas e românticas como qualquer moça na idade delas, querendo saber como era viver numa cidade grande.

Às vezes, após o jantar, Rodrigo contava à família, embevecida, suas viagens e conhecimentos que havia adquirido até ali como artista. Também trocava conhecimentos com o senhor Tomás, pessoa um tanto rude, mas um homem bom, que gostava de ler e de se informar do que havia pelo mundo e que, para isso, sempre adquiria, nas viagens a negócios, livros para ele e a família lerem nas horas de folga.

Até que, certo dia, em que trabalhava tranquilo em seu quarto atelier, Rodrigo Honório ouviu um bate-boca que, a princípio, não deu muita importância. Afinal, qual família não discute de vez em quando? Mas, como a situação se alongou um pouco mais, e os gritos foram ficando mais intensos, ele foi tomado pela curiosidade e, ainda com um pincel na mão, foi até o corredor para ver do que se tratava.

Dona Carmela, a mãe das meninas, estava fora de si e, aos gritos, jogava objetos para todos os lados. Parecia tomada de um acesso de loucura. Seu Tomás foi chamado no campo e, depois de uma breve discussão, seguida de uma sonora alteração de voz, levou a esposa para o quarto, de onde saiu, momentos depois, resmungando e fungando de raiva.

— Mande chamar o Padre Eusébio para uma missa aqui na fazenda – esbravejou o pai de família para um funcionário. — Faz tempo que ele não aparece, e precisamos acalmar o demônio de novo.

E, na direção de uma criada, completou:

— Sirva logo aquele chá que a faz dormir.

Mais tarde, Rodrigo soube que Carmela sofria de uns ataques de nervos. Passava dias calmos, às vezes até meses, mas também dias de total desequilíbrio. Isso o deixou um tanto surpreso e um pouco contrariado; não se sentia bem nesse tipo de convivência e não imaginava esse inconveniente numa família aparentemente normal.

Observando um pouco melhor as pessoas da casa, Rodrigo se deu conta de que Carmela e a filha Noêmia, em particular, eram, na visão dele, meio esquisitas mesmo. Ele, intimamente, questionava por que eram cheias de manias e davam chilique por tudo, além de serem muito inquietas e temperamentais.

— A exceção é Nívea. Mocinha calma e tranquila! – pensou Rodrigo, voltando para o quarto.

O senhor Tomás era quem mantinha a ordem das coisas nos momentos de desestabilidade, por ser uma pessoa calma, apesar de, ao mesmo tempo, enérgico e exigente.

Rodrigo percebeu que, nos instantes de maior irritação, a empregada Dionísia logo providenciava um chá de folhas calmantes que as fazia logo dormirem. Elas nunca ficavam alteradas juntas, mesmo que tudo se iniciasse numa discussão qualquer.

— Embora o ataque recente tenha sido bem mais escandaloso!

Passaram-se mais alguns dias de chuva, e um pouco de frio, que chegava avisando que o final do outono se aproximava, o que fez as mulheres permanecerem em seus aposentos por mais tempo, só saindo para as refeições.

Elas passavam horas bordando ou lendo romances e livros diversos que o pai trouxera. A casa ficava totalmente em silêncio nesses dias.

Nos períodos de calmaria, quando tudo estava realmente bem tranquilo, o atelier improvisado era visitado com frequência pelas irmãs, principalmente sozinhas e em momentos diversos, com a desculpa de trazer uma fruta ou um doce.

A cada dia ficava mais visível para Rodrigo o interesse das duas irmãs por ele. Mesmo Nívea, que, como soubera mais tarde, já era comprometida, não perdia a oportunidade de, cheia de sorrisos, procurar conversa com o moço, embora fosse muito respeitosa e apenas apreciasse conversar com alguém de fora.

Com o tempo, as irmãs foram ignorando o pedido do artista de trabalhar sem ser interrompido. E, não querendo se indispor, Rodrigo procurava disfarçar o aborrecimento que aquele comportamento irresponsável das mocinhas lhe causava. Algumas vezes, ficava meio sem jeito com as jovens e, gradativamente, aquele comportamento insistente delas começou a, lá no fundo, mexer com seus brios de homem, e ele passou até a gostar do assédio. Fazia bem para seu ego de homem jovem.

Isolado naqueles confins, Rodrigo agora estava bem feliz assim, percebendo, num lugar de poucas opções, que duas mocinhas bonitas o disputavam sutilmente.

Não demorou muito para que ele começasse a alimentar esperanças nas duas irmãs ao mesmo tempo. Na verdade, sentia que nutria uma preferência por Nívea, menina doce e de rosto de anjo, mas essa o senhor Tomás já o havia avisado de que estava comprometida com o filho de um amigo da família. Disso Rodrigo sabia e respeitava, mas só até certo ponto, pois, como já se desculpava para si mesmo, ele era homem e "os sentimentos a gente não domina"; então, enviava olhares compridos para a menina, que ficava toda corada.

Nívea mexia profundamente com Rodrigo, e não tardou para que, em pouco tempo, ele se sentisse cada dia mais atraído pela menina meiga e doce.

Já Noêmia era um tanto arrogante, impetuosa, não menos bonita que a irmã, e não media esforços para alcançar o seu objetivo que, no momento, era conquistar o belo pintor, mas ela se sentia preterida pela irmã, que tinha um pretendente. Isso irritava Noêmia profundamente e, assim, ela resolveu que lutaria com unhas e dentes pelo seu objetivo: conquistar Rodrigo Honório.

Certa noite, assim que todos se recolheram, Noêmia ficou indo e voltando no corredor, descalça, para não fazer barulho, observando a luz acesa por baixo da porta, pois sabia que o artista costumava ler ou trabalhar até bem tarde da noite.

Ela esperou todos na casa dormirem e, esgueirando-se pelo escuro, bateu de leve com os nós dos dedos delicados na porta pesada e alta e adentrou, em seguida, ao quarto do pintor, que estava, por acaso, com a porta destrancada.

— O que é isso, menina? – adiantou-se Rodrigo, fingindo estar surpreso, mas sabendo que aquilo poderia acontecer uma hora ou outra. — Não me comprometa perante seus pais, saia já daqui, não quero confusão!

— Mas o que é isso, digo eu – respondeu Noêmia, insinuando-se. — Nem parece um moço da cidade, por que tanto medo?

Cochichando nervosamente, Rodrigo a afastou, já irritado e amedrontado com a situação, vendo que, apesar de deseja-la, aquilo poderia comprometer seu trabalho, em particular a parte financeira.

— Só vim lhe oferecer o meu amor, bobinho – disse Noêmia de modo mais incisivo. — Não percebeu que estou apaixonada por você?

— Saia já daqui! – disse o artista, quando foi pego de surpresa pela investida e sem saber ao certo o que fazer naquela situação. — Estou lhe dizendo que não quero confusão, seu pai deve estar atento, não me cause embaraços e constrangimentos.

E, delicadamente, mas com firmeza, Rodrigo foi colocando a mocinha para fora do quarto e passando a chave na fechadura.

Só, então, respirou mais aliviado.

Aquele momento lhe pareceu tão inusitado, que ele permaneceu ofegante por algum tempo. Seu corpo inteiro formigava e deu-se conta de que Noêmia já não lhe era mais tão agradável. Embora tivesse fantasiado algumas situações, agora sentia que havia algo nela de que não gostava, não apreciava, algo que lhe causava até mal-estar. Noêmia lhe causava um receio, na verdade, um medo muito estranho.

— Essa Noêmia é muito inconsequente! – pensava.

E, naquele momento, Rodrigo teve certeza de que gostava mesmo era de Nívea.

Capítulo 13

Dali em diante, Rodrigo não poderia mais ficar desatento e deixar a porta sem passar a chave, principalmente durante a noite. E se deu conta de que seu comportamento para com as irmãs estava ficando perigoso para ele. Chegou à conclusão de que iria rever sua maneira de agir ou, a qualquer momento, poderia se dar mal perante os pais das mocinhas.

— Imagine o que pode me acontecer neste fim de mundo?

Pensava enquanto perambulava pelo quarto.

Rodrigo ficou desassossegado durante todo aquele dia seguinte e, à noite, ainda estava inquieto. Mal conseguiu manter a conversa com o dono da casa, pressentindo o olhar maldoso de Noêmia, que o observava do outro lado da mesa. Teve arrepios e quase nem comeu, de nervoso.

Após o jantar, deu uma desculpa qualquer e voltou para o quarto. Por um tempo, parou diante de um crucifixo, pensativo, depois ficou esticado sobre a cama, observando os desenhos do teto, procurando se acalmar.

Então, levantou-se, trocou de roupa, apagou o lampião e foi para debaixo das cobertas. Dormiu um sono agitado. Sonhou com imagens confusas, sentia que queriam matá-lo a qualquer distração sua e acordou banhado em suor e aflição.

Foi uma noite longa e cheia de pesadelos.

Rodrigo levantou bem cedo, passou na cozinha, onde tomou apenas um café, e saiu de casa para pensar. Havia dormido muito mal e não sabia bem o que fazer.

Toda aquela atração pela atenção das mocinhas tinha sumido por encanto, e uma culpa absurda tomava conta do seu ser, como se houvesse cometido um assédio contra elas, e não um inocente flerte, que era o que realmente havia acontecido.

Em termos de sentimentos e relacionamentos mais sérios, geralmente Rodrigo costumava se deixar levar, como jovem que era, pelos encantos das mulheres, mas não fazia parte dos seus planos, por ora pelo menos, nenhum compromisso de noivado ou casamento. Ele queria viver da arte, viajando sempre, e isso não era possível para um marido ou pai de família.

Já havia pensado nas mocinhas da fazenda como mulheres possíveis de relacionamento, e seu coração até balançara por Nívea, desde o início da sua chegada, porém apenas para gostar em segredo.

Agora, aparecia Noêmia, feito um furacão, querendo o que ele já não queria mais dar. Não que não a reconhecesse como mulher bela e jovem, mas ela lhe causava aflição e insegurança. Por algum motivo desconhecido, bem lá no fundo, sabia, por intuição, que não podia confiar plenamente nela. Sua presença já lhe causava angústia e tinha até certo receio do seu olhar. E, assim como acontecia com dona Carmela, Rodrigo se afastava.

Por mais que se relacionassem com educação e cerimônia, muitas vezes chegava a sentir calafrios estranhos diante de Noêmia, e aí dava uma desculpa e se afastava. Nunca conseguiu encará-la nos olhos como fazia com naturalidade diante das pessoas.

A presença de Noêmia, e da sua mãe, a dona Carmela, fazia-lhe muito mal, e isso tudo era muito esquisito.

Por mais que pensasse, Rodrigo chegava sempre à conclusão de que precisava manter seus pés bem fincados no chão e a cabeça no lugar, e não se deixar levar por um impulso inconsequente que pudesse fazê-lo se arrepender depois, principalmente ali, naquele lugar, longe de casa, longe de tudo.

Ele tinha temperamento calmo e era educado. Respeitava a todos e costumava pesar muito bem os seus relacionamentos para não se complicar. Mesmo em uma ocasião em que se apaixonou por uma jovem viúva, buscou manter a dignidade dela e procurou fazer com que não se comprometessem demais perante a sociedade; na opinião dele, sempre crítica e maldosa. Até terminaram o relacionamento quando ele arrumou o trabalho na fazenda.

Ele decidiu que não pretendia assumir nenhum compromisso matrimonial naquela fazenda, onde não pensava em permanecer para sempre, enterrando-se ali, longe da civilização.

— Isso está fora de cogitação!

Ele tinha planos de ir para a Europa logo que terminasse o trabalho, mas percebeu que sempre que pensava em Nívea seu coração batia mais forte e que ele até chegava a admitir, por alguns instantes, que se casaria com ela. E, se isso pudesse eventualmente ocorrer, porém, não gostaria de viver naquele lugar, isso era certo; até achava bom que Nívea estivesse comprometida, assim seria bem mais fácil para ele reagir e afastar-se de vez.

Daqui para frente, mais do que nunca, decididamente, sua vida seria solitária por opção. Assim era seu modo de pensar naquele momento. Namoro sério era para casamento, o que não estava nos seus planos.

— Agora acontece isso – pensava Rodrigo consigo mesmo –, essa situação constrangedora. Uma jovem impetuosa querendo viver uma paixão sem temor algum, talvez nem tenha direito a real noção do seu comportamento tresloucado. E olhe que já estamos correndo em direção à modernidade, mas não aqui neste lugar isolado.

Imagine se não me contenho e me concentro na minha responsabilidade perante o pai dela?

Isso ainda era o que sua educação e respeito lhe gritavam das entranhas, sem falar que Rodrigo considerava dona Carmela uma louca mansa, e estava tendo crises nervosas cada vez com mais frequência.

— E se as filhas herdassem essa doença? Sim, por que isso só pode ser uma doença mental, e eu não posso cogitar de carregar algo assim pela vida, muito menos por opção.

E, assim, ele ficava pensando sozinho.

A ocasião fez Rodrigo lembrar-se da mãe e sentiu saudades da mulher calma e abnegada, totalmente diferente de Carmela. Ele teve uma educação rígida e primorosa quanto aos valores morais e consideração ao próximo, sempre respeitando para se fazer respeitar, assim pensava e assim agia e, até o momento, tinha se dado bem por conta disso.

Ele veio de uma família pequena, religiosa, que valorizava o caráter, e não podia se esquecer, nem um momento sequer, desses valores, herança do seu velho pai e da sua amorosa mãe, já falecidos.

Agora, ele se encontrava diante de uma situação embaraçosa e não podia deixar de pensar que aquele pai de família, se ele não tomasse cuidado, poderia mandar matá-lo e enterrá-lo embaixo de uma árvore; em se tratando daquele fim de mundo, tudo era possível, e ninguém daria falta dele.

Ao ter esse pensamento, um arrepio novamente lhe percorreu as costas.

— Será que estou exagerando?

Mas suas andanças lhe davam motivos para acreditar que todo cuidado era pouco. Por um instante, sentiu-se culpado, talvez tivesse dado esperanças com sua atitude natural de jovem envaidecido por tanto galanteio, afinal, não podia esquecer que as mocinhas viviam isoladas ali, nem deviam saber muito do que ficava bem ou não para uma mocinha como elas.

Então, naquele momento, depois de ponderar, Rodrigo sentiu que precisava se aparelhar de todo o cuidado para não se deixar seduzir nem se envolver demais. Sentiu que, naquele lugar, ele não estava nem um pouco seguro se ocorresse de se envolver com uma das moças.

Rodrigo se levantou da pedra na beira do córrego, onde estava sentado, e, tirando rapidamente a camisa e as calças, jogou-se na água gelada para pensar melhor.

O que aconteceria quando voltasse para casa? Como reagiria a mocinha diante dele e do restante da família? Será que teria coragem de comprometê-lo, dizendo que houve o que não houve?

Era melhor precaver-se, nunca se sabe como se comportarão as pessoas, talvez de ingênua ela não tivesse nada, ele é que estava sendo ingênuo, afinal, naquela fazenda homem era o que não faltava.

Quem sabe fosse melhor terminar rapidamente mais algum trabalho e ir embora alegando qualquer coisa...

— Mas isso seria um comportamento covarde, indigno de um homem de bem.

Para Rodrigo, caso Noêmia viesse a dizer inverdades, era só desmentir, era sua palavra contra a dela. Não podia também jogar para o alto todo o seu plano de vida por um capricho de mulher mimada. O que ele ia receber daquele trabalho daria para se mudar para a Europa e viver lá para sempre, trabalhando e aprendendo.

E, assim, Rodrigo saiu do rio pensando e apreciando, mais uma vez, aquele belo lugar...

Capítulo 14

Passaram-se mais alguns dias e, numa manhã ensolarada, Rodrigo saiu a caminhar com seu caderno de rascunho lá para os lados da horta e se deparou com a figura de Nívea, colhendo hortaliças antes do almoço.

Nívea parecia distraída e, ao mesmo tempo, encantada com a beleza da natureza oferecendo o alimento. Por vezes, tomava algum ramo de tempero ou verdura na mão e o levava ao delicado nariz para sentir o seu perfume. E por ali ficou tempo suficiente para o pintor registrar a cena, em detalhes, em sua memória e, depois, em seu caderno.

Quando Nívea se voltou, ofereceu o mais doce sorriso, o que fez Rodrigo estremecer da cabeça aos pés, mas, imediatamente, a imagem de uma tarja vermelha de proibido, como ele mesmo treinou fazer, veio-lhe à mente, causando-lhe uma decepção profunda e dolorosa.

Mesmo assim, ele tomou coragem, aproximou-se e falou que gostaria de conversar a sós com ela.

Intrigada, Nívea o olhou profundamente nos olhos, o que causou nele uma vontade estranha de, talvez, chorar, ou algo assim. O que Rodrigo sentia era pura emoção, quase uma angústia que não conseguia compreender ou explicar.

— De onde vem esse meu sentimento? – interrogou-se ele.

Nívea pegou o cesto e colocou-se candidamente ao seu lado, pronta para ouvi-lo. Foi tão natural e espontâneo seu gesto simples, que por um momento o desarmou, e Rodrigo ficou sem fala, querendo cristalizar aquela imagem que, com certeza, um dia iria se transformar numa tela.

— O que gostaria de falar comigo? Meu quadro já está pronto? Estou curiosa por vê-lo.

— Sim… não… quer dizer… não é sobre os quadros, é outro assunto… – respondeu sem jeito.

Rodrigo olhou ao redor discretamente para ver se alguém os estava observando, pois não queria chamar a atenção ou ser interrompido.

— Sabe, Nívea, estou me organizando para ir embora muito em breve e gostaria de confessar a você os meus sentimentos mais sinceros.

Naquele momento, Nívea abaixou-se e deixou o cesto no chão como se esse gesto fosse facilitar o entendimento do que estava por vir.

— Pensando bem, não. É melhor deixar esta conversa para outra hora, preciso levar o cesto até a cozinha.

— Não! – insistiu. — Acho melhor ouvir-me agora, ou perderei a coragem…

Intrigada, e como era de seu costume ouvir em silêncio, Nívea continuou séria e atenta ao comportamento e às palavras de Rodrigo.

— Sabe, Nívea, sou um homem solitário por natureza e, desde que cheguei aqui, na fazenda, que meu coração bate por você e para você.

Nívea o encarou com seriedade. E Rodrigo continuou:

— Meus sentimentos são sinceros, mas também sei que você é comprometida em casamento, pelo seu pai, a um pretendente da amizade dele, e de maneira nenhuma eu lhe faria a proposta de deixar seu compromisso e ir embora comigo para a Europa, para onde pretendo ir ao sair daqui.

Nívea o ouvia com atenção.

— Meu destino é lá e é para lá que iriei.

Até porque, sou meio nômade, não tenho raízes, não sei viver em um mesmo lugar por muito tempo e não tenho o direito de carregar comigo uma pessoa doce como você para uma vida incerta e sem destino.

Rodrigo tomou mais um pouco de coragem e disse:

— Sei que vai soar muito estranho o que vou lhe dizer. Faz pouco tempo que a gente se conhece, embora eu sinta o contrário, mas o que queria mesmo é que soubesse o quanto a amo e que a amarei pelo resto da minha vida.

E gostaria que, quando eu for embora, ao se lembrar de mim, soubesse que, onde eu estiver, receberei a sua mensagem, e o meu coração baterá por você, acredite nisso.

Dito isso, Rodrigo baixou os olhos úmidos para as botas e, dando uma viravolta, caminhou para os lados das plantações, onde se escondeu por algumas horas, com o coração batendo forte.

Perplexa com o inusitado e com o coração aos pulos, Nívea levou ainda um tempo para ter coragem de juntar o cesto e dirigir-se para a cozinha, onde Dionísia a aguardava com as ervas que colhera. Mal entregou o cesto, saiu em direção ao quarto e se jogou sobre a cama e chorou como se houvesse sido abandonada pelo único e verdadeiro amor da sua vida.

Rodrigo nem desconfiava, mas Nívea também havia se apaixonado por ele desde o primeiro dia, porém ela jamais tomaria a iniciativa, por ser comprometida em noivado. Além disso, ao saber que a sua voluntariosa irmã também o queria para si, esquivou-se totalmente, passando a amá-

-lo em silêncio. Dali para frente, seria difícil viver sabendo do amor que Rodrigo tinha por ela, já que não amava o noivo que seu pai lhe arrumou.

A declaração inesperada de Rodrigo tirou seu chão, e ela tinha a certeza de que sua vida não seria mais a mesma dali para sempre.

O que fazer? Ir até ele e declarar-se também? Oferecer-se para correr o mundo com ele? E fazerem o que depois, se ele lhe falou que não haveria estabilidade para o relacionamento deles, já que ele vive da arte e de serviços esporádicos, que tem sonhos onde ela não está incluída, o que fazer então?

— Abrir mão do grande amor da vida para viver numa outra fazenda com um homem que mal conheço? – quanto mais pensava, mais Nívea chorava, desolada...

Em outro ponto, além da casa e da vista das pessoas, Rodrigo continuava caminhando pensativo e até se sentia um tanto chateado com o que havia dito para Nívea sobre suas convicções e anseios. Ele não pretendia se casar nunca, pois tinha planos de ir à Europa para estudar pintura com grandes mestres. Para isso, guardava economias havia muito tempo e, pelo bom dinheiro que o fazendeiro rico lhe oferecera, aceitara esse trabalho de retratar toda a família, naquele lugar tão isolado.

Dali sairia em busca do seu sonho: o de trabalhar e estabelecer-se como artista de verdade em algum lugar do Velho Mundo. Pensando nisso, e sem ver muita saída, jogou-se novamente na água do rio à sua frente e ficou algum tempo ali, observando a água rasa correr pelo seu corpo e escorrer entre as pedras lisas.

Queria que aquela água fria e cristalina lavasse sua alma e o acalmasse.

— Como a vida nos leva a caminhos estranhos... – pensou.

Ficou por mais um tempo naquela água fresca e saiu rapidamente tiritando de frio. Em seguida, deitou-se novamente na grande pedra para secar a roupa de baixo, que estava colada ao corpo, antes de voltar e retomar o seu trabalho.

Mais do que nunca, decidiu que era hora de ir embora e precisava terminar o trabalho o quanto antes. Vestiu-se ainda tremendo, procurando se aquecer ao Sol fraco, e ali ficou até se restabelecer da hipotermia e voltar para almoçar.

Mergulhado entre tintas e pincéis, querendo acelerar algumas telas iniciadas, Rodrigo se deu conta de que não havia comido nada desde o almoço, e seu estômago pedia por um prato de sopa. Sim, àquela hora, um prato de sopa quente com uma fatia de pão fresco, cheiroso e saboroso, que saía daquela imensa cozinha todos os dias pelas mãos de Dionísia, certamente lhe cairia muito bem. Pensou enchendo a boca d'água.

Enquanto pensava nisso, ouviu batidas na porta, era a inconfundível voz da Dionísia chamando para a ceia.

Dirigiu-se a passos largos para a sala de jantar. A mesa já estava posta, e todos o aguardavam para tomar uma deliciosa sopa de legumes, vindos diretamente da horta, que fumegava na terrina de porcelana, tendo ao lado uma tábua rústica com um pão dourado em cima, parcialmente fatiado.

Para Rodrigo, com a fome que estava, essa foi a ceia dos deuses.

Naquele momento, nao queria se lembrar dos aborrecimentos, nem mesmo da doçura da proximidade de Nívea, que o olhava sem cerimônia do outro lado da mesa, deixando-o perturbado, enquanto Noêmia também o fulminava com o olhar.

Daí, para quebrar um pouco a tensão, iniciou uma conversa com o senhor Tomás sobre o nascimento de uma eguinha que estava sendo a alegria geral naqueles tempos de poucas novidades. A conversa desarmou a todos, que até ali pareciam um pouco tensos, e alegremente começaram a escolher um nome para a recém-nascida.

Capítulo 15

Os dias de chuva e de Sol quente, com uma leve brisa de vez em quando, passaram rápido. O outono já ia alto, embora o calor ainda permanecesse quase como no verão, com seus dias preguiçosos e amarelados enquanto as noites já se faziam suaves e amenas. Os galhos pesados, carregados de sombra fresca das mangueiras, desciam quase até o chão. O gado no pasto parecia andar mais devagar, comer mais devagar, enquanto as galinhas se jogavam ao chão de bico aberto; tudo parecia parado, até o ar estava parado naquele dia.

Enquanto olhava pela janela, observando a paisagem maravilhosa e bucólica à frente, Rodrigo pensou no lago e decidiu ir até lá.

Ao chegar, foi surpreendido pela presença de vários peões da fazenda em momento de descanso e já ia desistindo, dando meia volta para se retirar, quando um deles o chamou para se banhar junto deles. Relutou um pouco ao saber da água fria, mas o dia estava muito bom, e resolveu entrar e nadar entre os alegres empregados da fazenda.

Quando voltava para casa, encontrou Noêmia colhendo plantas de chá, e ela, ao perceber sua presença, jogou a cesta ao chão e esticou os braços na sua direção, o que fez com que Rodrigo se afastasse rapidamente para o lado.

— Opa! Saia para lá, tenha juízo, menina! – disse ele, de modo automático. — Não provoque escândalos, não quero confusão com seus pais!

— Não seja covarde! – respondeu Noêmia, buscando ser simpática. — Eu o quero, você sabe disso, e saiba que meu pai não irá se opor a um relacionamento nosso. Ele gosta de você.

Rodrigo a encarou com seriedade, pensando em alguma resposta, e ela continuou:

— Sente aqui, vamos conversar – propôs ela. — Percebo o seu interesse por minha irmã, mas Nívea ficará noiva neste ano, já está comprometida e, assim, nós poderemos ficar noivos também.

— Você ficou louca? – explodiu Rodrigo. — Um compromisso de noivado e casamento tem que ser da vontade dos dois; e eu não estou nem um pouco interessado em você.

E, para lhe ser bem honesto, esta perseguição está se tornando insuportável, já virou uma obsessão!

— Sim, estou louca por você, estou apaixonada por seus cabelos, seus olhos, sua boca...

— Deixe-me! Vou arrumar minhas coisas e irei embora hoje mesmo.

Rodrigo saiu dali rapidamente, afastando-a quase que num safanão, e caminhou ligeiro em direção a casa, dizendo palavras para que ela ouvisse:

— Não quero confusão com seu pai, já disse!

Não aprecio você, não gosto de você e não quero nenhum compromisso com você, entenda isso de uma vez por todas!

Noêmia, mais revoltada do que nunca, bufou como um touro de ódio. Queria dominá-lo e fazê-lo sofrer. Não se dava conta do ódio que sentia e, naquele momento, queria muito que ele sofresse nas mãos dela.

Rodrigo trancou-se em seu aposento, sentou-se na cama com a cabeça entre as mãos e quase entrou em desespero, o que o fez engolir o choro, pois aprendeu, desde cedo, que homem não chora.

— Não vou chorar por causa daquela pessoa abominável.

Ficou por um tempo deitado, de olhos fechados e com a cabeça enterrada embaixo do travesseiro, até que abriu os olhos, virou de barriga para cima e olhou para a parede onde um crucifixo enfeitava e enchia de fé aquele ambiente singelo. Parou o olhar sobre a imagem, e seu coração, como se estivesse murcho de crenças, relembrou seu tempo de infância, quando corria para o colo de sua mãe, que o acalmava em horas de angústia e lhe ensinava a fazer as primeiras orações.

— Pena que não recordo mais de nenhuma!

Pensou, com tanta firmeza, no rosto de sua mãe, que a sentiu ao seu lado, passando a mão em seus cabelos como fazia quando criança. Levantou os olhos, ergueu-se da cama e se aproximou da parede para observar o sofrimento do Cristo estampado naquela imagem. Alguma coisa dentro dele o despertou, naquele momento, para a religiosidade ou para a falta dela em sua vida, o que lhe causou uma emoção desconhecida.

Com olhos já marejados e com palavras saídas do coração, falou com Jesus de seu jeito, pois sentia ser o único amigo de verdade que possuía naquele momento, além da lembrança de sua mãe querida.

Tempos depois, como era de costume, a família recebeu a visita de um padre na fazenda e realizou um culto antes da ceia, o que fez Rodrigo relembrar-se da oração do Pai Nosso e, dali para frente, ele voltou a fazer orações como quando criança, ao se levantar e ao se deitar, ou quando estava preocupado com alguma coisa, principalmente dentro do seu quarto, diante daquele singelo crucifixo.

Daí em diante, sentiu-se muito melhor e mais seguro. Alguma coisa dentro dele mudou, uma força interior brotou no peito, apontando-lhe o rumo a tomar. Suas convicções e anseios ficaram mais claros, mais definidos e, finalmente, se acalmou para dar continuidade ao seu compromisso de pintar e retratar aquela família.

Por um período, Noêmia até se afastou um pouco dele, talvez estivesse planejando algo, mas o encarava sempre com olhar ameaçador, pelo menos era o que parecia, e isso lhe causava calafrios. Nessas horas, Rodrigo se apegava a fé como um menino, pedindo a Deus o afastamento daquela sensação que o atormentava feito o demônio em pessoa.

Capítulo 16

Os dias na fazenda voltaram a um aparente equilíbrio. Rodrigo já havia pintado uma dúzia de quadros e, isolando-se um pouco mais e mergulhando no trabalho, conseguiu retirar das entranhas do seu ser a inspiração, e o talento, que também já trazia de vidas passadas, e fez trabalhos que ele mesmo considerava maravilhosos. Admirava-se de ter alcançado retratar tanta beleza com tanta arte. E, realmente, até para os que o rodeavam, Rodrigo tinha um dom maravilhoso, que denotava, em seu interior, muita sensibilidade artística.

Certo dia, enquanto trabalhava com total atenção, distraído do que ocorria ao redor, não viu Noêmia entrar outra vez em seu quarto, sorrateiramente. Ela ficou um tempo em silêncio, quase sem respirar, imóvel, para ele não perceber sua presença. Ficou ali, encostada à porta, apreciando Rodrigo trabalhar, extasiada com a beleza que ele imprimia nos traços e pinceladas; naquele ir e vir das tintas e cores.

Naquele momento, o artista pintava uma tela enorme, na qual retratava a família reunida em roupa de festa, sendo o cenário uma sala iluminada por um belo lustre importado e tendo, ao fundo, a lareira de pedras rústicas.

Quando deu uma pausa e apanhou a moringa para beber um pouco d'água, percebeu-a encostada na parede, logo atrás dele. Levou um susto.

Noêmia, toda sensual e sorridente, recomeçou seu ritual de encantamento e fascinação, o que o fez se eriçar inteiro e correr para a porta, escancarando-a para trás. Naquele momento, ela lhe pareceu mais atraente, e pensou em beijá-la, mas, quando pensou nas consequências, a cobra peçonhenta pronta para lhe dar o bote voltou-lhe à mente, o que o fez novamente se arrepiar e tremer inteiro.

Uma vez que Noêmia não deu um passo para sair do lugar, enquanto gargalhava feito um demônio em forma de mulher, Rodrigo saiu ligeiro porta afora, encontrando-se no corredor com Dionísia, que veio chamá-lo para o almoço.

Sem parar, agradeceu e passou pela criada quase lhe esbarrando, ainda com o coração aos pulos, parecendo que iria sair pela boca. Rodrigo continuou correndo pelo corredor imenso e também passou direto pela porta da sala de refeições, indo respirar profundamente o ar fresco lá fora, até se refazer e entrar para o almoço, que já estava servido.

Rodrigo permaneceu calado durante a refeição e praticamente não tirou os olhos do prato. Logo que o dono da casa deu por terminada a refeição, ele se retirou apressado, sem olhar para trás.

Era muito estranho; cada dia que passava, ele sentia uma sensação mais desagradável ainda com as investidas exageradas de Noêmia. Não sabia o que era, mas seu lado homem a rejeitava de uma forma que ele nunca havia sentido com mulher nenhuma, e era um sentimento estranho, um receio das duas irmãs e uma aversão a Carmela que até lhe parecia gratuita. Não via a hora de terminar seu trabalho e sair dali.

— A presença de Noêmia e de Carmela me faz muito mal, só a de Nívea me dá satisfação, é muito esquisito isso! – pensava ele com certa angústia.

Passaram-se semanas de rotina desde o último incidente, e começaram os preparativos para as festas de junho. O senhor Tomás era famoso pelos banquetes que oferecia aos seus convidados e vizinhos da região. E, para a próxima festa, foram contratados cozinheiros e músicos para abrilhantar a festança. A farra geralmente durava todo um final de semana e eram hospedados muitos convidados ali na fazenda.

Um galpão imenso era montado com mesas enormes para as refeições, além de um palco em que se apresentavam músicos da região, depois todos passavam para uma parte sem mesas, onde havia um tablado para que pudessem brincar e dançar alegremente. Assim, aconteciam várias atividades com muitas brincadeiras e desafios e, no último dia, uma longa cavalgada pela propriedade com os convidados vestidos a caráter em seus cavalos enfeitados, e tudo se finalizava com uma missa campal em frente ao casarão.

Durante aquele período que antecedeu a festança, todos ficaram tão envolvidos nos preparativos e festividades, que tudo se abrandou naquela casa, até os assédios de Noêmia e os acessos de Carmela.

O padre da comunidade vizinha, um senhor bem idoso, também havia sido convidado e foi o primeiro a se hospedar. Chegou bem no começo da semana. Era um padre muito conservador e fazia todos da casa rezarem em grupo três vezes por dia, todos os dias. A primeira oração era às 5h30, antes do início propriamente dito dos trabalhos da casa; depois, faziam uma breve oração antes do almoço e, à noite, antes da ceia, para terminar o dia, o que era muito bom para acalmar os ânimos e melhorar as energias do lugar, além de agradecer pelas bênçãos daquele dia proveitoso, como dizia ele. E, assim, todos dormiam em Paz.

Rodrigo gostava muito de conversar com o padre e aproveitava a oportunidade para perguntar sobre as coisas de Deus, no que o velhinho lhe respondia com atenção e paciência. Mas o coração de Rodrigo ainda não havia se dobrado aos dogmas da Igreja; para ele, ainda havia a necessidade de mais respostas, embora, de um tempo para cá, alguma coisa o atraísse para as coisas espirituais.

A festa transcorreu até ali em aparente harmonia, mas houve muita bebedeira, muita briga feia e, infelizmente, naquele que seria o último dia, geralmente o mais festejado, acabou em tragédia. Em plena festa, enquanto rolava o baile, um peão da fazenda matou outro peão por ciúme de uma mulher. Daí tudo terminou de forma triste, quase no final do último dia.

O senhor Tomás não se conformava com aquela tragédia em suas terras, sempre houvera brigas entre os peões por conta dos excessos de bebida, liberada em dias assim, mas nunca havia acabado dessa maneira, não ali, dentro da sua fazenda.

As confusões nunca passaram de algumas trocas de bofetões e insultos sem grandes ofensas. Isso causou, no senhor Tomás, um desgosto muito grande, e ele até acabou adoecendo, chegando a ficar de cama e muito febril.

Logo o médico foi chamado.

Totalmente em estado depressivo, o senhor Tomás foi tratado com chás de ervas, além de uma panaceia receitada pelo doutor. Ele passava muitas horas dormindo e pouco tempo acordado. Estava totalmente desanimado de tudo, envolvido pela penumbra do quarto todo fechado.

Todos se admiravam da situação em que ele se encontrava, pois nunca o tinham visto naquele estado.

O senhor Tomás, que sempre fora um homem forte, decidido, cheio de coragem, de decisões e equilibrado, agora estava prostrado daquele jeito numa situação inusitada, que deixava a todos sem saberem o que fazer e pensar.

Não faltaram benzedeiras, orações e muitas promessas aos santos, além da visita regular do padre, que fazia orações para as almas e que acabou ficando até mais um pouco hospedado na fazenda, dando total apoio à família como era de costume e de seu prazer.

Depois de muitos dias de sono e suor intenso, o senhor Tomás levantou-se, ainda meio fraco. Com a ajuda de muita canja e gemadas com vinho quente, ele se recuperou e foi tomar novamente as rédeas da fazenda. Da mesma maneira que aquele estado ruim tomou conta dele, foi sumindo, ele foi reagindo e, em poucos dias, voltou ao seu normal, firme e forte como sempre foi.

Foi um período difícil para todos, até porque Carmela e as filhas se deram conta de que não poderiam tocar aquela fazenda, não sozinhas, caso Tomás lhes faltasse. E isso, de certa forma, apavorou um pouco Carmela, só de imaginar o que faria se acontecesse o pior. Felizmente, tudo passou e a rotina voltou, acalmando os ânimos.

Passaram-se algumas semanas, e Noêmia, que não desistia de Rodrigo, resolveu arquitetar um plano.

Por intuição de mãe, Carmela começou a desconfiar de algumas atitudes da filha e passou a observar com mais atenção o seu comportamento. Enquanto isso, uma fúria interior foi tomando conta de Carmela. Uma raiva e um ódio mal contido pelo pintor começou a se alojar em seu coração de uma forma clara, porém inexplicável. Parecia um ciúme da cria, da fêmea com a cria, mas não era; pareciam reminiscências de um passado que voltavam ao inconsciente.

Ao mesmo tempo que queria ver Rodrigo longe dali, também o queria muito perto para o ferir de alguma forma. E um conflito interior começou a se estabelecer, causando uma nova crise. O padre veio correndo e até o médico da família foi chamado, e novamente Carmela foi sedada por alguns dias para se recuperar. Felizmente, o padre a banhava em orações, e isso ajudava muito o equilíbrio da casa.

Desta vez, o diagnóstico do médico foi mais claro, dona Carmela havia ficado muito nervosa com a doença do marido, o crime na fazenda e com os últimos acontecimentos, mas agora tudo iria ficar bem. Quando ela acordasse, teria o marido novamente saudável ao seu lado, como sempre, velando seu sono, e tudo seria esquecido e resolvido, com cada coisa tomando o seu lugar, e ela reagiria positivamente.

E, realmente, em menos de uma semana a rotina e a calma aparente voltaram àquelas paragens. Mas a calma era apenas aparente mesmo; havia, por trás de todos aqueles anseios, intrigas, histórias e trajetórias, verdades que só o tempo poderia explicar.

Parte 3

Capítulo 17

Num passado ainda bem mais distante daquele vivido na Fazenda Belo Recanto, três irmãs, órfãs desde a adolescência, dividiam os afazeres domésticos e se dedicavam aos bordados e às costuras sob encomenda, que era o que, na ocasião, proporcionava-lhes o meio de sustento da pequena família.

Marta, Justina e Clara eram moças bonitas, prendadas, viviam solitárias na casa grande e envelhecida que herdaram da família quando seus pais morreram.

Até aquele momento, as três irmãs não haviam encontrado nenhum pretendente, o que fazia com que mergulhassem ainda mais nos trabalhos manuais e nos sonhos românticos próprios da mocidade. Sem o pai ou um irmão mais velho, que provavelmente providenciariam o casamento das três, como era o costume da época, consideravam-se muito infelizes, acreditando na possibilidade de morrerem solteironas.

Certo dia, dona Ismênia, senhora da vizinhança, chegou para encomendar um vestido para as bodas de uma sobrinha e veio acompanhada de seu filho, um moço faceiro e galanteador de nome Roberto, que não era outro senão o próprio Rodrigo Honório. Rapaz bonito, mas egoísta, mimado pela mãe e vaidoso de sua beleza máscula, além de, assim como era a maioria dos homens daquela época, guardar muitos hábitos que hoje poderíamos identificar mais facilmente como machistas.

A mãe e o filho foram imediatamente rodeados pelas três mulheres, que não mediam esforços para agradá-los, e foram servidos até de um chá com rosquinhas caseiras.

Roberto, que já sabia da condição de solteira das três moças órfãs, havia pedido à mãe que, ao ir visitá-las para as encomendas, o levasse junto para conhecê-las, e assim foi.

Mergulhado em sua vaidade, Roberto extasiou-se ao perceber que as três se encantaram por ele, mas a que lhe chamou mais a atenção, pela delicadeza, recato natural e discrição, foi Clara, que, com seu olhar meigo e profundo, seus cabelos escuros em anéis soltos caídos pelos ombros, causou-lhe a melhor das impressões.

Mas o orgulho de Roberto não lhe permitia optar por uma só; ele queria as três e, naquela tarde mesmo, começou a jogar olhares para elas, dando a cada uma a impressão de sua preferência.

As moças se sentiram nas alturas, tamanha a emoção de serem cortejadas por um jovem tão bonito, e que se fazia passar por fino e educado. Por um instinto de defesa, cada uma guardou para si a impressão de ser a preferida. Depois que a visita se foi, as moças só conversaram amenidades sobre a mãe e o filho bonito.

Passado algum tempo, chegou, pelas mãos de um entregador, uma caixa grande de bombons finos e um ramalhete de flores, dentre as quais encontrava-se um cartão de duas páginas, em que estava escrito, numa letra bem desenhada, a estrofe de um verso e agradecimentos pela tarde que haviam passado juntos e, para finalizar; um convite para um sarau dali a quatro dias, na casa de uma amiga, onde seriam falados poemas e versos entremeados de músicas, apresentadas por ele, ao piano, e por seu primo, ao violino.

Não era comum as três moças serem convidadas para eventos sociais e ficaram muito emocionadas com o gesto. Não conseguiam conter a euforia de tanto contentamento e logo se puseram a correr para providenciar as roupas, os sapatos e os arranjos de cabeça, entre rendas, fitas e tafetás, para tão auspiciosa ocasião.

Foi assim que a amizade entre eles começou e se estendeu até se concretizar. Roberto gostaria mesmo era de possuir o amor puro de Clara, mas seu lado irresponsável resolveu se aproveitar da atenção das três moças ao mesmo tempo.

— E por que não? – indagava ele a si mesmo.

Roberto, com toda a malícia de que era capaz, foi enredando as irmãs sem que uma desconfiasse das outras. Como sua mãe gostava de jogar cartas com as amigas duas vezes por semana, Roberto dispensava os empregados naqueles dias, comprando o silêncio deles, e era para lá mesmo que levava as moças, uma de cada vez, às escondidas. Sempre com desculpas de comprar alguma coisa ou ir à igreja, elas saíam para se encontrar com ele, enganando, cada uma delas, as próprias irmãs.

E, assim, o tempo foi passando entre as escapadas e o trabalho.

Enquanto as irmãs, sempre usando as mesmas desculpas, saíam furtivas para alguns momentos nos braços de Roberto, ele, que era esperto, não tomava muito o tempo delas, para não despertar a desconfiança nas outras, e elas, cada vez mais apaixonadas e encantadas por ele, não se davam conta do quanto estavam sendo enganadas e envolvidas naquela situação, ficando cada vez mais difícil desfazer os laços.

Roberto ia sempre se desenrolando das responsabilidades, e as irmãs, enrolando-se cada vez mais, cobravam-lhe a atitude de trazer o namoro à luz de todos. Ele, porém, usava como desculpa que a mãe não queria que se casasse enquanto ela vivesse e, como bom filho que era, prometeu atender seu pedido e cuidar dela até o final. Depois desta condição, Roberto poderia fazer o que quisesse de sua vida. Ele também argumentava às meninas que sua mãe já estava em idade avançada, que não queria contrariá-la, e que, pelos seus cálculos, ela não viveria mais muito tempo, pois sofria de palpitações e calores noturnos, chegando a se levantar à noite e andar pela casa, o que o preocupava muito.

Assim, Roberto dava esperanças às moças de que, quando a mãe dele morresse, ele escolheria para si uma esposa. Era o que dizia para cada uma, sem nenhum remorso, depois ia vangloriar-se de ser tão inteligente para os amigos.

Ao sarau, aonde já iam com frequência, ele levava as três, juntamente de sua mãe, para contê-las no silêncio, daí ninguém se comprometia. Dançava com uma de cada vez como deve ser um cavalheiro e contava a cada uma que a primeira e a última música que ele tocasse ao piano seria especialmente dirigida a ela. E elas acreditavam nele.

Roberto pensava em Clara com algum sentimento verdadeiro em seu coração, mas sua irresponsabilidade não lhe permitia que abrisse mão da sua vida fútil e descompromissada. Não se permitia ter uma só mulher e ainda se orgulhava disso diante dos amigos. Para ele, como dizia em alto e bom som, a vida é para ser vivida, e não sofrida.

E assim transcorreu aquela farsa, até o dia em que Marta lhe enviou um bilhete por um mensageiro, marcando um encontro urgente na confeitaria da cidade.

Roberto encontrou Marta pensativa diante de uma xícara de chá, num canto discreto da confeitaria. Quando se viu diante dele, ansiosa como estava, ela, aos prantos, comunicou-lhe que estava grávida.

Aquela notícia deixou Roberto em estado de choque por uns momentos. Jamais havia lhe passado pela cabeça tal acontecimento entre eles.

Com toda a frieza de que era capaz e sem pensar muito, querendo logo se afastar dali para fugir de qualquer responsabilidade, Roberto, friamente, colocou a mão no bolso e estendeu-lhe uma quantia em dinheiro, que não era pouca. Em seguida, não querendo se complicar nem por um minuto, ordenou-lhe, sem nenhuma emoção no rosto, que ela procurasse alguém e fizesse um aborto. Também recomendou que fizesse às escondidas e que não contasse nada a ninguém, principalmente às suas irmãs, alegando que, depois, tudo voltaria ao normal e, quem sabe, eles até poderiam pensar num compromisso de noivado, mesmo antes de a mãe dele morrer.

Ainda abismada com o comportamento do amante que, infelizmente, não demorou nem o tempo de tomar uma xícara de chá, Marta ficou olhando aquele dinheiro todo, que lhe queimava as mãos, sem saber o que fazer. Ingenuamente, ela havia imaginado que ele iria tomá-la nos braços, emocionado com a ideia de ser pai, e a pediria em casamento e que, dali em diante, tudo seria só felicidade.

Só que tudo aconteceu diferente, e Marta se desesperou ao se dar conta de que não podia contar nem com ele, nem com mais ninguém, naquela hora. Diante do chá que esfriava e, ao se perceber sozinha diante daquela situação e, pior, não podendo contar nem com suas irmãs naquele momento tão triste, ficou paralisada, pensando no que fazer.

Finalmente, abriu a bolsinha preta que levava e guardou o maldito dinheiro que lhe queimava as mãos, imaginando que ele já devia ter feito isso em outra ocasião. Derramando lágrimas, saiu dali e foi na direção da igreja.

Marta estava coberta de vergonha e não tinha coragem sequer de procurar o padre e se confessar. Em seu entender, estava impura, então ficou apenas sentada num banco lateral pensando e repensando na triste vida que estava levando desde que conheceu Roberto.

Relembrou os momentos de ternura e amor que viveram juntos, as frases românticas, os beijos e abraços quentes e intermináveis, cheios de carinho, e ali ficou chorando não sabe por quanto tempo, deixando que as lágrimas de desilusão se esgotassem do seu peito.

Quando saiu da igreja, entrou no bonde que passava sem fazer ideia de onde estava indo, para a sua casa é que não queria ir, não naquela hora. Sentou-se ao lado de uma desconhecida, que lhe sorriu quando a viu chegar. Encorajada pelo sorriso dela foi conversando amenidades, até que, num dado momento, perguntou-lhe bem baixinho se ela conhecia uma abortadeira, e a mulher, sem se incomodar em pegar ali mesmo um valor em dinheiro, que lhe era entregue por Marta, indicou-lhe uma conhecida em um bairro lá do outro lado da cidade.

Marta anotou o endereço e até achou bom que fosse bem longe de onde morava, pois, depois de tudo acabado, não voltaria nunca mais àquele lugar.

Capítulo 18

Dias depois, alegando às irmãs que iria tirar as medidas de uma cliente nova, Marta saiu em busca da abortadeira, que, com um cigarro na boca e um sorriso debochado, fez-lhe o serviço de forma fria e irresponsável, o que lhe magoou muito o coração. E, ainda durante o procedimento, fez comentários maliciosos, que causaram vergonha à moça apaixonada que se entregara ingenuamente por amor e que, ignorante de possíveis e prováveis consequências, estava cometendo aquele triste ato.

Marta sentia que abortar era pecado, mas pensou que depois se confessaria ao padre e faria algumas penitências, para merecer ao menos o purgatório.

Era o que achava certo fazer naquele momento.

Ela saiu massacrada daquele lugar, tanto pelo desencanto quanto pela dor física. Voltou para casa com cólicas esparsas e intensas, que a deixavam cada vez mais enfraquecida. Chegou muito pálida e apenas conseguiu dizer para as irmãs que estava com cólicas menstruais muito fortes e que iria se deitar.

Marta rolava de dor na cama, com suores frios e febre. As irmãs, por demais preocupadas, chamaram o doutor Nivaldo, um médico bem velhinho que só sabia receitar panaceias. Alguns minutos depois de lhe auscultar os pulmões com os próprios ouvidos, ele saiu diagnosticando que Marta estaria com a mesma epidemia que estava assolando a cidade. E, assim, despediu-se, recomendando muito chá de sabugueiro e deixando-a com hemorragia.

Marta morreu exaurida, cheia de dor e mágoa, horas depois, ainda antes de o nascer do Sol, mas não sem tentar contar às irmãs, espantadas, que havia feito um aborto, que se apaixonara e que se encontrava com seu amor às escondidas. Mas a febre alta, o delírio e a prostração enrolavam a sua língua, impedindo que contasse a história com clareza. Sempre que murmurava o que parecia ser o nome dele, as irmãs não compreendiam e pensavam que era a confusão da febre.

Em seus últimos delírios, Marta jurou às irmãs que se vingaria até no inferno pelo descaso daquele maldito homem que desgraçou sua vida, deixando as irmãs mais confusas ainda, sem entenderem o que realmente havia acontecido.

— Quem seria esse desgraçado ao qual ela se refere? – perguntavam as irmãs entre si, atônitas e indignadas.

Roberto deixou de se encontrar com as outras irmãs por um tempo, alegando, para si mesmo, que era por respeito ao luto delas. Mas, na verdade, seu coração ansiava em saber se havia sido denunciado pela morte de Marta.

Clara, muito abatida com a súbita morte da irmã, nem pensava mais em encontros às escondidas. Na verdade, não pretendia mais ver aquele homem e nenhum outro que aparecesse. Alguma coisa em seu coração dizia que Roberto era culpado da morte da irmã, não sabia por que, mas era o que sentia.

Logo depois da missa de sétimo dia, as irmãs foram separar as roupas e pertences de Marta para doar à caridade e encontraram um diário bem escondido no armário, que passaram a ler despreocupadamente, imaginando que a irmã vivia uma vida morna e sem emoções, colecionando poesias e poemas, e se depararam com o relato de todas as tardes maravilhosas que a irmã passava em companhia de Roberto, na casa da mãe dele.

A história do romance entre Marta e Roberto, no entanto, estava lá, no diário, tudo anotado em detalhes, até dois dias antes do dia maldito em que Roberto havia entregado a Marta o dinheiro para que ela praticasse o aborto. E Marta ainda deixou escrito na última página que estava toda encantada por aquele amor que lhe daria um filho e que seriam felizes para sempre.

Suas irmãs não acreditavam no que liam. Não conseguiam aceitar que tudo não passava de uma mentira de Roberto para as três, que ele escarneceu daquele amor infortunado que atravessou a vida delas.

Nesse ponto da leitura, as duas irmãs pararam de ler, olharam-se incrédulas e gritaram juntas; o que mais parecia um urro de dor ecoando por toda a casa.

Abraçadas, foram escorregando até o chão e ali ficaram por horas, até que a noite caísse e a casa estivesse totalmente às escuras. Choraram até se esgotarem as lágrimas amargas e dolorosas de dor, decepção e sofrimento. Foi aí que se deram conta de que as três foram vítimas, enganadas sem nenhum escrúpulo. Depois de muito chorarem, cada uma procurou o seu quarto, onde continuaram extravasando suas mágoas e dores, deitadas sobre a cama, na escuridão que escondia a vergonha que estavam sentindo, cada uma a seu modo.

Quando amanheceu, Justina levantou-se e, literalmente, quebrou tudo o que pôde dentro do quarto, enquanto gritava palavrões nunca antes pronunciados por aquela boca. Quando parou, jogou-se sobre a cama novamente e cerrou os olhos secos de ódio. Seu quarto parecia ter sido assaltado, não havia nada inteiro, nem nada no lugar.

Cada um extravasa sua dor à sua maneira.

Clara apenas permaneceu deitada, enrolada em posição fetal, entre as cobertas desalinhadas, querendo morrer de vergonha. Jurou que não sairia mais de casa e se vestiria de luto dali para frente. Seu coração e sua alma estavam de luto, e era assim que se sentia: completamente morta por dentro. Ela havia morrido para si mesma e para o mundo.

Roberto, alertado pela sua intuição, acometido pelo sentimento de covardia, saiu da cidade ainda antes da missa de sétimo dia, sem data para voltar. Despediu-se dos amigos e, alegando uma viagem inesperada de pesquisa para sua mãe, foi embora.

Capítulo 19

As irmãs ainda permaneciam mergulhadas na dor e na vergonha. Não faziam mais seus trabalhos nem recebiam as visitas das vizinhas e clientes. Não atendiam à porta nem aos recados entregues pelos meninos, como era de costume. Quase sempre deixavam que batessem até desistirem, o que causou muita preocupação na vizinhança. Achavam que era tristeza do luto pela morte de Marta. Quando atendiam, logo despachavam a pessoa sem muita cerimônia.

Justina já prometia vingança e arquitetava planos contra Roberto. Enquanto que Clara, mergulhada na vergonha de se deixar enganar até a intimidade por um homem sem caráter; deixava-se ficar no leito cada vez mais, no escuro, e não pensava em comer, nem em tomar banho, nem em sair do quarto com sua tristeza.

Justina dizia que Clara precisava comer a fim de ter forças para consumar a vingança que ela estava arquitetando, mas a irmã não reagia, não tinha espírito vingativo, nunca teve. Clara ainda amava Roberto de verdade e entrou em depressão profunda, emagreceu muito e definhava a olhos vistos, não querendo mais viver.

Passaram-se menos de dois meses, e Roberto voltou à cidade, achando, ingenuamente, que tudo estivesse esquecido ou que, pelo menos, as coisas estivessem mais calmas, e também porque havia dias que não se sentia bem de saúde. Calafrios se esparramavam pelas costas, e uma febre persistente que não cedia com os banhos e que, gradativamente, minava suas forças. Roberto havia se contaminado com a epidemia que assolava a cidade na época. Achou melhor voltar, sua mãe saberia o que fazer e como tratá-lo.

Dias depois da sua volta, como dona Ismênia não sabia mais o que fazer, resolveu chamar o médico, o doutor Nivaldo, que parecia mais cansado e trôpego ainda, com tanto trabalho por conta da epidemia. Como de costume, ouviu-lhe as costas com seus ouvidos e receitou os xaropes que levara e os chás caseiros de costume, e se retirou em seguida sem mais nada dizer, deixando dona Ismênia trocando panos molhados em sua testa e ministrando-lhe remédios caseiros, cataplasmas nos pés e as panaceias receitadas pelo doutor.

Em seus delírios, Roberto chamava por Clara e declarava seu amor sincero por ela com a língua tão enrolada, que sua mãe, aflita, não conseguia entender as palavras.

Em seus momentos de delírios, Roberto pedia perdão, ora à Clara, ora à Marta, ora à Justina, por fazê-las sofrer e, depois, desacordava em sono convulsivo.

Depois de vê-lo um pouco mais calmo, já que a febre havia baixado e ele adormecido, dona Ismênia aproveitou para sair e foi procurar as irmãs que o filho tanto chamava. Queria falar com Clara, a quem ele chamava em delírio, já que Marta havia morrido. As moças moravam há poucas quadras dali, e seria só um instantinho que o deixaria sozinho.

Ao chegar à casa das irmãs, dona Ismênia encontrou Clara sozinha e abatida. Havia levantado para tomar um pouco de água e relutou muito em atender à porta para ver quem batia com tanta insistência, até que, finalmente, vencida pelo cansaço, foi abrir. Ao saber do acontecido, concordou em ir com dona Ismênia até a casa dela.

Não teve como negar o pedido aflito daquela mãe. O coração de Clara ainda batia com amor, apesar do profundo sofrimento. Ela tinha a capacidade de perdoar, bem ao contrário de sua irmã Justina, que jurou vingança até depois da morte.

Quando Roberto abriu os olhos, deparou-se com Clara ao seu lado, pálida e triste. Sorriu para ela e, mesmo muito cansado e enfraquecido pela febre, conseguiu, com muito esforço e a voz fraca, pedir-lhe perdão, deixando transparecer lágrimas sinceras.

Clara o perdoou de coração, mas não quis ficar mais tempo ao seu lado, pois também estava fragilizada com toda a situação, e foi embora de cabeça baixa, sem se despedir de dona Ismênia, que estava na cozinha.

Saiu pela rua de cabeça baixa, quase correndo e sem olhar para os lados, com os olhos no chão como se todos que cruzassem seu caminho lhe apontassem o seu erro.

Aquela situação era insuportável para ela.

Chegou a casa um pouco antes de Justina, que havia saído para comprar alguns alimentos. Sentou-se, pensativa, numa cadeira da cozinha, ainda um tanto ofegante pela caminhada e pela fraqueza do seu corpo sem forças. Enquanto esperava a água ferver, não pôde escapar de um pensamento fugaz que lhe veio à mente:

— Deus é justo, o que aqui se faz aqui se paga!

Pensamento muito comum à maioria das pessoas que ignoram as Leis Divinas, as Leis de Causa e Efeito. Sempre que plantarmos, haveremos de colher, esta é a Lei Divina, a Lei de Justiça. E a eternidade e as múltiplas reencarnações nos permitem isso.

E Clara continuou pensativa, como se estivesse sendo inspirada a pensar daquele modo:

— Como é triste a gente ver alguém sofrer. Mesmo que esse alguém tenha prejudicado muitas pessoas e a nós mesmos, e até merecesse ser corrigido. Mesmo assim é muito triste.

Clara sentia, com toda a sinceridade do seu coração dolorido, relembrando o estado deplorável em que encontrou Roberto e percebendo que, apesar de tudo, perdoá-lo aliviava seu coração traído. Considerava-o um infeliz que pagaria a Deus pelo que fez.

Já Justina não pensava assim e, ao chegar e saber que sua irmã havia visitado Roberto, revoltou-se mais ainda e, gesticulando muito, despejou uma série de palavrões enquanto jogava uma xícara contra a parede, e saiu caminhando de um lado para o outro pelos cômodos da casa, indignada e furiosa, batendo os pés e dando socos na parede.

— É que dona Ismênia veio aqui tão aflita, dizendo que ele pegou a epidemia, que estava passando muito mal e queria muito me ver, e pedir perdão.

— Perdão? – esbravejou. — Pois que morra e vá para o quinto dos infernos! Tem mais é que morrer mesmo, mas antes tem de sofrer muito aquele desgraçado, maldito!

Justina saiu da cozinha novamente, vociferando mais impropérios e, pouco depois, voltou, e sentou-se ao lado de Clara em silêncio, porém ainda ofegante e com aquele olhar parado, vidrado, de uma pessoa insana.

Clara sentiu, dentro de si, uma sensação estranha na atitude da irmã, mas não disse nada, só passou o café e arrumou a mesa para as duas comerem alguma coisa. Por alguns momentos, ficaram em silêncio, ruminando, cada uma do seu modo, as suas dores.

Clara havia percebido a mudança radical na irmã e, por vezes, ao vê-la possuída de tanto ódio e levada pela ira, ficava com medo e rezava um terço por sua alma aflita, e pedia a Deus que a perdoasse, pois ela não sabia mais o que fazia.

— Perdoe, Justina, que o seu coração ficará mais leve. O ódio faz mal para quem o tem no coração.

— Nunca, jamais! – respondia Justina aos rogos da irmã. — Odiarei esse homem até depois da minha morte e nas profundezas do inferno!

Em pouco tempo, Justina batia à porta de dona Ismênia, que a recebeu enxugando as lágrimas no avental.

— Boa tarde, dona Ismênia, vim visitar o Roberto. Minha irmã Clara me falou do seu estado, e eu gostaria de ver como ele está, e até trouxe um doce de leite que sei que ele adora – disse Justina gentilmente, sorrindo para a mulher aflita, derramando toda a doçura que só ela era capaz de fingir. — Sempre é bom comer alguma coisa para se fortalecer contra a doença.

Ingenuamente, dona Ismênia, a mãe de Roberto, sem imaginar o drama que se passava entre o filho e as irmãs, deixou, com toda tranquilidade, que ela entrasse, ainda elogiando ela e Clara por atitudes tão caridosas.

Foram em silêncio até o quarto e, ao chegar, Justina pediu, em voz baixa, que dona Ismênia trouxesse uma colher, que ela mesma o serviria de doce, teria prazer em servi-lo, se ela permitisse.

Dona Ismênia, sem se dar conta do que aconteceu entre o filho e as moças, e sem saber do ódio que ruminava naquele coração machucado, afastou-se na direção da cozinha, saindo do campo de visão de Justina por um momento. Logo, voltou trazendo uma colher média, que entregou nas mãos da moça, enquanto falava baixinho:

— A febre não quer ceder, e ele está enfraquecendo cada vez mais – falou em lágrimas, que tornava a enxugar com o avental. — Temo o pior. O doutor Nivaldo deu o mesmo diagnóstico para sua irmã Marta, não é mesmo? Que Deus a tenha!

Sem falar nada e apenas balançando a cabeça, fingindo solidariedade, Justina colocou a mão sobre o braço da velha senhora, olhando-a nos olhos com expressão compungida, num gesto falso de consolo.

As duas mulheres pararam em silêncio diante da cama do moço, que se mostrava prostrado por conta da febre e da fraqueza.

Aguardaram pacientemente que ele acordasse do sono profundo, sem saírem do lugar. Quando ele começou a se mexer, Justina falou à velha senhora que ela poderia voltar aos seus afazeres, pois ela ficaria ali um pouco, fazendo companhia a ele. A senhora até achou bom, pois havia muito que fazer, a empregada da casa também estava com a doença e já tinha ido embora.

— Olá! Como está você? – perguntou Justina com um sorriso gelado, enquanto apertava com firmeza o braço de Roberto, e apertou tanto, que ele até se assustou com sua reação, e gemeu forte, tentando chamar a atenção da mãe.

Roberto, àquela altura, já estava sentindo muita dor no corpo por conta da doença e da febre e quase chorou com o aperto no braço.

— Eu gostaria de lhe pedir perdão, Justina – conseguiu sofregamente, e com voz entrecortada, falar. — Sei que fui um canalha com vocês, mas estou arrependido, muito arrependido mesmo, no fundo do meu coração.

Com um sorriso gelado, Justina disse:

— Não pense mais nisso, trouxe-lhe um doce de leite, o seu favorito, abra a boca!

E, sem que Roberto reagisse ou se negasse a comer, ela foi enfiando a colher pela boca adentro, fazendo-o engolir, mesmo sem vontade e sem sentir gosto nenhum. Aliás, até lhe pareceu muito amargo para um doce.

Um arrepio forte dominou o corpo febril, que parecia em frangalhos, sentindo que aquela mulher não estava para gentilezas. Teve um pressentimento ruim, mas não tinha forças para se defender daquela mulher naquele momento, e foi engolindo o que ela lhe enfiava pela boca.

— Assim está bom! Duas colheres são suficientes.

Não fale mais nada, nenhuma palavra irá mudar o que está feito. Não existe perdão para o que você fez com as minhas irmãs, comigo e com seu filho. Você nos matou sem piedade.

Nem Deus vai lhe perdoar! Agora, você está em minhas mãos e nas do capeta para sempre. É muito fácil pedir perdão quando se está à beira da morte, mas eu vou lhe dar uma ajuda, vou empurrá-lo para o inferno mais rápido. Adeus, cafajeste! Que as chamas do inferno consumam a sua alma.

Enquanto dizia isto, Marta guardava na bolsa o restante do doce, no qual ela havia misturado uma forte dose de veneno.

Parou para observá-lo um pouco e, logo em seguida, satisfeita com seu ato, viu Roberto contorcer-se de sofrimento até morrer, sem forças para pedir por socorro.

Por uns momentos, Justina se deliciou, estática, apreciando a cena da sua vingança, que foi mais rápida do que gostaria e, em seguida, virou-se e saiu pela porta, trancando-a. Dirigiu-se à cozinha, avisando dona Ismênia de que ele havia dormido e de que ela podia continuar suas tarefas com tranquilidade.

Dona Ismênia, mais calma e agradecida, ainda a levou até a porta, e se despediram cortesmente.

Ao sair daquela casa, uma calma estranha tomou conta de Justina por ter feito justiça com as próprias mãos.

Capítulo 20

Justina e suas irmãs tinham sido mesmo vingadas?

A ação de Justina parecia não ter sido suficiente, pois o ódio não se acalmou em seu peito. Gostaria de matá-lo muitas e infinitas vezes até que a paz voltasse ao seu coração. Não se sentia satisfeita, a dor que sentia ainda era cruel.

Lembrou-se das palavras de Clara:

"— Quem perdoa alivia o coração!"

Mas Justina não era de perdoar nunca!

Quando dona Ismênia voltou ao quarto mais tarde, encontrou o filho sem vida e com os olhos arregalados, olhando para o nada. Deu um grito de dor profunda, que ecoou pelas paredes da casa. Depois de muitas lágrimas, e com o coração estraçalhado, correu para a rua, pedindo ajuda aos vizinhos, que correram para socorrê-la.

O próprio doutor Nivaldo atestou morte por conta da epidemia, nem cogitou de envenenamento. Roberto havia morrido envolvido em muita energia negativa e banhado no ódio emanado por Justina, que acreditava que agora estava tudo acabado e que a justiça havia sido feita.

Doce ilusão! A Justiça Divina se faz implacavelmente, não precisamos interferir nos desígnios de Deus. Fazemos nossas escolhas, plantamos e, em consequência, colhemos o que semeamos. É a justa e maravilhosa Lei de Causa e Efeito fazendo-se presente o tempo todo.

Clara foi ao enterro e chorou com toda sinceridade, pois amava de verdade aquele homem insensato e sem coração. Chorava de amor e, ao mesmo tempo, de vergonha, de decepção, numa mistura de sentimentos. E se perguntava o tempo todo:

— Como fui tão ingenuamente enganada por uma pessoa tão sem caráter?

Clara pensou, olhando um dos túmulos à sua volta: "eu queria estar ali, quieta, dentro de um daqueles túmulos, onde ninguém me visse mais, ninguém me dirigisse a palavra, o olhar e o pensamento".

Queria estar só, sentia no fundo um prazer mórbido na morte, na inércia, na paz estampada no cadáver. Clara se sentia cada vez mais triste, mesmo sem saber o que Justina havia feito, até porque ela a acompanhou ao cemitério no intuito de assistir o ato final de sepultamento, constatando que o seu gesto não tinha volta.

Justina estava mergulhando cada vez mais na insanidade de suas ações e sentia uma satisfação interior ao ver o caixão baixando à sepultura, sendo coberto por algumas flores e com a cal espalhada pelos amigos mais chegados, e a qual ela fez questão de espalhar um pouco também, deliciando-se com a ação premeditada, tendo ao fundo o choro de dona Ismênia e o barulho da pá do coveiro num final de tarde sombria e fria.

Os olhos de Justina brilhavam, e ela esfregava, num gesto mecânico, as mãos que tremiam, festejando, no mais íntimo do seu ser, um triunfo imaginário. Tinha vontade de sair pulando e dançando entre os túmulos, mas conteve-se, não iria dar uma de louca ali, diante de todos, e estragar tudo. Tinha de se conter e se contentar em festejar mais tarde no recôndito do lar.

As irmãs voltaram para casa em silêncio e pensativas, não sem antes deixar flores no túmulo de Marta, e Justina dizer, em alto e bom som, que ela estava vingada. Clara não entendeu a profundidade do comentário e deixou para lá.

Cada uma ruminando seus sentimentos tão diferentes. Uma exultando de felicidade pelo que ela chamava de vitória, e a outra com a dor de um amor doce e magoado pela decepção. Vários sentimentos habitavam o coração de Clara.

Justina entrou pela porta da frente dando pulos de alegria e, antes mesmo de Clara dar a última volta na fechadura, saiu dançando e rodopiando pela sala, causando mais tristeza e dor no coração de Clara, que entrou em seu quarto e trancou a porta atrás de si, jogando-se na cama em prantos. Justina ainda ficou por um tempo curtindo, à sua maneira, o seu prazer de vingança.

Em menos de um mês, Justina adoeceu, contaminada pela epidemia que se espalhava pela cidade e, antes de uma semana, mesmo sob os intensos cuidados e assistida muito de perto pela irmã, ela morreu delirando, acometida por alta febre, blasfemando contra Deus e o diabo, e ainda cheia de ódio por Roberto.

Clara, cada vez mais deprimida com a morte de mais uma irmã e de seu amor, também se contaminou e, por sua vez, deixou-se morrer de tristeza em pouco tempo.

E, em pouco tempo, aquela história de amor, desamor e tragédia chegou ao fim.

Assim terminou, agora com mais débitos que créditos, a experiência reencarnatória dessas quatro criaturas, entre elas Carmela, Noêmia e Nívea, porém, em uma vida anterior.

De temperamento voluntarioso e autoritário, Justina, que depois veio a ser Carmela. Noêmia, então de nome Marta, era a irmã do meio. E, finalmente, Nívea, que nessa ocasião se chamava Clara.

Por conta do nosso livre-arbítrio, bem ou mal direcionado por nós, é que vamos modificando nosso destino. Assim como construímos e acrescentamos, para melhor, algo ao combinado e programado na Espiritualidade, também alteramos o nosso destino, com o orgulho e demais particularidades não muito elogiosas do nosso espírito, que podem nos levar a comportamentos inadequados; e, nesse sentido, quase sempre precisamos refazer os planos.

É o que precisava ser feito com esse grupo. Tentar recuperar a reencarnação que é muito esperada pela maioria dos espíritos que estão na erraticidade por longos e demorados anos, às vezes por décadas e até séculos, à espera de uma ocasião reencarnatória, pois todos eles já traziam débitos anteriores que precisavam resgatar.

E, assim, reuniram-se na Espiritualidade amigos, responsáveis e programadores, para refazerem os planos para uma nova etapa, trabalhando, principalmente, o arrependimento e o perdão.

Para isso, no entanto, seria necessário que os envolvidos reencarnassem próximos e em famílias afetuosas que também ajudassem, dando bons exemplos e educando-os para o bem.

Assim, uniram-se na fazenda em laços familiares, Tomás Serafim de Andrade, um amigo de outras experiências que se propôs a casar com Justina, que viria como Carmela. Receberiam como filhas: Marta, como Noêmia, e Clara, como Nívea.

Mais tarde, reencontrariam Rodrigo Honório, o pintor, cujo encontro se deu aparentemente de forma natural com o Sr. Tomás, mas que, na verdade, foi a Espiritualidade quem provocou a aproximação dos dois para a continuidade do plano, que consistia no reencontro de todos, na convivência mais íntima, e que culminasse no perdão e no arrependimento.

Parte 4

Capítulo 21

E, assim, voltamos à Fazenda Belo Recanto.

O dia amanheceu ensolarado depois de quase uma semana com chuvas e ventos frios. Tudo ao redor brilhava intensamente por conta do orvalho da noite. O cheiro de mato penetrava nas narinas e obrigava a todos respirarem profundamente, numa necessidade de renovar o oxigênio do sangue.

Rodrigo Honório perambulou pelos campos a cavalo e, depois, apeou no lugar de costume, e, ali, de olhos fechados, repassou toda a sua vida. Desde antes de chegar e estar ali, e durante aquele período de emoções intensas que se alongou por alguns meses.

Apesar de apreciar muito aquele lugar, não queria ficar ali para sempre e morrer naquela fazenda sem ver nada do que o mundo tem para mostrar. Havia estabelecido metas de continuar seus estudos na Europa com mestres da pintura e, por isso, veio fazer seu trabalho, que seria muito bem pago, para poder financiar o seu objetivo.

Agora, Rodrigo achava que era hora de partir, tomar o rumo para sua nova vida. Para isso, ele trabalhou intensamente nos últimos dias, objetivando completar os trabalhos e entregar as encomendas combinadas e mais algumas telas que foram inspiradas ao longo daquele período. Estava contente por ter feito um bom trabalho.

À noite, durante o jantar, Rodrigo comentou que gostaria de saber se o senhor Tomás e sua família ficaram satisfeitos com seu trabalho, e todos o elogiaram muito, o que o deixou bastante satisfeito. Em seguida, sentindo que seria sua oportunidade, comunicou ao senhor Tomás que já era hora de partir.

Noêmia, ao ouvir as palavras de Rodrigo, alegou dor de cabeça e retirou-se apressadamente, antes mesmo de terminar o seu jantar. Seu coração era um misto de confusão interna, e já disparava ódio.

Já para Carmela foi um alívio saber que, em breve, ficaria livre para sempre da presença daquele homem pelo qual nunca teve simpatia. Rodrigo causava um tipo de repulsa, um ódio incomum. Tinha vontade de avançar em seu pescoço e esganá-lo.

Nívea fixou intensamente seus olhos em Rodrigo, e eles logo se encheram de lágrimas, e tratou de disfarçar, alegando estar se resfriando, e até fingiu um espirro antes de pedir licença para ir ao quarto chorar.

Rodrigo pareceu não notar o comportamento das mocinhas, mas seu coração bateu mais forte ao ouvir, o que seria pela última vez, a voz de sua amada. Apenas desejou a ela uma boa noite, de maneira até automática, e continuou conversando com o senhor Tomás e resolvendo os últimos detalhes da partida. Após meia hora de conversas e de acerto de contas, além do pagamento combinado, Rodrigo pediu licença e se retirou para acabar de guardar seus pertences.

Dias depois, logo cedo, quando chegou o carro de aluguel para levá-lo à estação de trem, todos se reuniram na frente da casa para as despedidas, e Rodrigo notou que Noêmia não estava presente e que Nívea permaneceu observando de longe, da janela do seu quarto.

Deixou um abraço a todos, junto a extremados agradecimentos pela generosa acolhida e respeito ao seu trabalho. Abraçou com carinho a empregada Dionísia, sempre tão gentil com ele, e também se despediu de outros empregados, que vieram de vários setores da fazenda, entre os quais alguns haviam se tornado amigos sinceros. Apreciava muito aqueles homens rústicos e de valor moral, e com eles havia aprendido muitas coisas.

Deixou com o senhor Tomás recomendações à mocinha Noêmia, que também da janela do seu quarto acompanhava as despedidas, numa mistura de sentimentos entre ódio e lágrimas de tristeza.

Fez uma reverência diante de Carmela, agradecendo por tudo também e, bem no fundo do seu ser, dando Graças a Deus de nunca mais precisar olhar para aquela pessoa que estranhamente não gostava desde que a viu pela primeira vez.

E, finalmente, apertou gentilmente a mão da mocinha Nívea, que resolveu descer e aproximar-se para o último adeus. O perfume da moça permaneceu em suas mãos por longas horas, enquanto procurava guardar na retina seu olhar doce e penetrante.

Assim que o carro se afastou, roncando e sacudindo muito, levantando poeira e sumindo do campo de visão, todos voltaram em silêncio às suas atividades, sem se darem conta de que Noêmia havia permanecido no quarto.

Capítulo 22

Lá pelo meio da manhã, quando deu pela falta da filha, Carmela perguntou à Dionísia se a tinha visto e recebeu uma negativa como resposta.
Carmela achou que era coisa de mocinha e não deu muita importância, apenas quando chegou a hora do almoço, e ela não quis almoçar, foi que a mãe começou a ficar intrigada, mas respeitou seu querer. Mandou Dionísia levar ao quarto um prato de comida, que foi devolvido sem ser tocado. E assim foi o resto do dia. Carmela fez que não notou a indisposição da filha, mas a visitou várias vezes no dia, em seu quarto, sem sucesso em demovê-la daquele estado.

Com o aposento totalmente fechado e sem luz, Noêmia permanecia enrolada nas cobertas sem querer saber de comer e de sair dali.

Na primeira oportunidade, Carmela comentou com Tomás que estava preocupada com a filha que, de repente, ficou de cama, sem vontade para nada. O pai fez um comentário superficial, sugerindo se não seria tristeza pela despedida de Rodrigo, mas, como nunca notaram nenhum comportamento que os denunciasse, Tomás falou por falar, porém semeou uma dúvida profunda em Carmela, e ela, com a desculpa de levar um prato de sopa, foi conversar com a filha mais uma vez e saber o que de verdade estava acontecendo.

Noêmia, no início da conversa, negou qualquer sentimento, qualquer envolvimento, mas depois resolveu externar o que sentia pelo artista e até mentiu, dando a entender que sentia que ele também retribuía o amor e que até lhe falou sobre casamento, mas depois ele desistiu e resolveu ir embora.

Dona Carmela, ao ouvir aquilo, ficou furiosa, achando até que a filha havia se envolvido intimamente com aquele homem que ela muito profundamente não gostava e, nesse momento, acendeu um ódio intenso nas entranhas do seu ser.

E, mesmo intrigada, foi falar novamente com Tomás para ver se ainda alcançavam o pintor que, na cabeça tresloucada de Carmela, deveria estar fugindo de suas responsabilidades. Apesar de todos os esforços, o tempo de vinte e quatro horas que o jovem tinha na frente impediu o empregado de alcançá-lo. Rodrigo havia ido de automóvel direto ao Porto, onde tomou um navio que zarparia naquela hora, levando-o para a Europa.

A cada dia que passava, estranhamente Noêmia se entregava mais ao desânimo e, finalmente, à depressão profunda. Acabou contraindo tuberculose, doença tão comum naqueles tempos.

O padre e o médico velavam seu leito com frequência, até que aconteceu a morte da jovem que perdeu a vontade de viver, como se a vida devesse apenas realizar seus sonhos de menina mimada.

Com a morte da filha amada, o casamento de sua outra filha, Nívea, foi adiado para o começo do ano seguinte. Carmela deu alguns ataques de desespero e, inconformada, ficou por vários dias sob o efeito de medicação forte e, dali em diante, por vários períodos naquele ano, teve crises fortíssimas.

A cada acesso, a cada crise, a cada surto, ela ficava pior e mais violenta. Quebrava tudo o que via pela frente, precisando ser amarrada na cama até que a crise passasse. O médico chegou a sugerir ao senhor Tomás que internasse a esposa num hospital ou no Sanatório de uma cidade próxima para serem aplicados choques elétricos, que era o que estava sendo recomendado, mas o marido se negou a esse tratamento. Continuou pacientemente tratando a com os remédios e chás calmantes e com muitas orações que o padre vinha fazer com todos da fazenda reunidos.

Porém, o pior é que, cada vez que Carmela acordava daquelas sonoterapias, tinha mais ódio de Rodrigo, pois o culpava pela morte da filha amada, a sua Noêmia.

Capítulo 23

No primeiro inverno que Rodrigo Honório passou em Paris, sofreu bastante com a reclusão forçada durante os dias de nevasca, por nunca ter enfrentado temperaturas tão baixas e ainda por cima com neve. Mas logo se habituou e, certo dia, enquanto ainda se via a água suja escorrer pelo meio-fio, toda a cidade começou a resplandecer com os raios pálidos de sol que chegavam para derreter os últimos vestígios de inverno e trazer a Primavera.

Rodrigo passeava pelas ruas, apreciando os trabalhos dos artistas que pintavam ao ar livre. Ele também, de vez em quando, parava para rascunhar algumas ideias no seu caderno, cada vez mais encantado com a beleza imponente da Cidade Luz. Era o que mais fazia desde que chegara ali, havia quase um ano e meio. Costumava ficar por horas seguidas embevecido com as belezas que aquela cidade, tão longe da sua, oferecia.

Muitas vezes, apenas pegava um livro e se deliciava com a leitura, sentado em parques e jardins, ao Sol morno ou à sombra fresca das árvores, como fazia a maioria das pessoas que, como ele, apreciavam aquele lugar.

E, assim, o tempo foi passando, e Rodrigo foi deixando para trás as lembranças tristes do Brasil que o chatearam por demais.

Dos rascunhos passou para as pinturas e já tinha o bastante para uma exposição. E, de acordo com o dono de uma galeria de quem se tornou amigo, isso aconteceria muito em breve.

Rodrigo passeava pela calçada molhada ainda todo encapotado, incomodado com o vento e com a garoa, que afastaram o Sol novamente e que aumentavam a sensação de frio. Ele entrava e saía de livrarias, procurando algo para ler, pois não estava com inspiração para pintar naqueles dias.

Foi quando, numa pequena casa de livros usados, deparou-se com um exemplar que lhe chamou a atenção pelo título e começou a folheá-lo ali mesmo.

Rodrigo se surpreendeu quando viu se tratar de um livro de perguntas e respostas e logo se pôs a ler algumas páginas alternadamente, dando-se conta de que já havia se passado algumas horas que estava dentro daquela loja. Pagou o livreiro e foi embora, entusiasmado com o achado literário.

Ao chegar a casa, sentou-se na parte mais clara e aquecida do ambiente e, sem conseguir deixar de ler, foi mastigando uns pedaços de pão e queijo, enquanto tomava em pequenos goles uma taça de vinho, essa era a sua refeição mais rápida, e ele a fazia com frequência.

Acomodou-se confortavelmente e resolveu começar a ler o livro desde o início, mesmo tendo lido páginas alternadas. Tratava-se de O livro dos espíritos, de Allan Kardec. Após ler a introdução e os prolegômenos com atenção, Rodrigo iniciou a parte das perguntas e daí não parou mais.

Ele perdeu a conta de quantas vezes leu o livro e, quando a chuva deu uma trégua e ficou menos difícil sair de casa, foi à busca de outros livros do mesmo autor ou do mesmo tema. Realmente, Rodrigo tinha o firme propósito de, quando chegasse a primavera, procurar pessoas que estudassem o assunto e de fazer parte de algum grupo de estudos, pois o assunto era muito interessante e, estudando em grupo, pensou ele, abriria mais os horizontes do pensamento.

Rodrigo sentia ter finalmente encontrado o veio de respostas para as suas indagações. Até mesmo para aquelas perguntas que havia feito ao padre lá na fazenda, e que ele, infelizmente, foi muito sucinto nas respostas.

Os dias continuaram chuvosos, fazendo derreter os últimos sinais de neve enlameada, permitindo que as árvores e as flores rebrotassem e florissem aos primeiros sinais de primavera.

Quando a chuva parou de vez, e o frio diminuiu com a ajuda de um Sol firme e radiante, Rodrigo pegou o seu material e saiu à rua para pintar. Os jardins e as praças estavam repletos de pessoas que vieram, como ele, espalhar-se ao sol, numa necessidade física. A primavera chegava aos poucos em seu esplendor e convidava a todos para um passeio ao ar livre, para apreciarem os primeiros brotos e botões das mais variadas plantas renovadas em cores diversas. As cerejeiras carregadas de botões rosados eram um espetáculo à parte.

Assim que ajustou o cavalete no lugar de melhor luz natural, seu pensamento correu e trouxe a lembrança de Nívea. Seu rosto delicado e seu olhar firme e profundo cristalizaram em sua mente para sempre. Naquele momento, alguma coisa dentro dele estremeceu e lhe trouxe lágrimas de saudade.

Tomou do carvão e esboçou o seu amado rosto. Passou horas reproduzindo aquele rosto querido. Muitos transeuntes paravam para observar aquela expressão doce e amorosa que os olhos da tela transmitiam. Um apreciador, que já o observava havia um bom tempo, discretamente se ofereceu para comprar a tela, mas Rodrigo, com um sorriso apaixonado, disse que o quadro não estaria à venda, esse faria parte do seu acervo pessoal.

Quando chegou ao seu minúsculo, porém aquecido, quarto, procurou um prego e pendurou a tela na parede para apreciá-la melhor de vários ângulos. Sentou-se na velha cadeira e ficou admirando seu trabalho, que realmente havia conseguido captar a alma daquele olhar inesquecível, o olhar de Nívea, seu eterno amor.

Rodrigo saiu de manhã e se dirigiu ao livreiro que havia se tornado seu amigo e com o qual costumava ficar conversando assuntos diversos por horas. E, por aqueles tempos, falavam muito sobre a Filosofia Espírita, o assunto que mais gostavam de conversar.

Até o dia em que Rodrigo fora convidado a fazer parte de um grupo de estudos do qual o livreiro pertencia e, assim, passou a estudar entre novos amigos.

Numa daquelas tardes de sábado, Rodrigo conferiu um endereço anotado num caderninho e, muito ansioso, tomou o rumo de um bairro não muito longe do centro da cidade, e foi um dos primeiros a chegar.

Logo após as apresentações e uma conversa ligeira, passaram à oração de abertura, deram por abertos os estudos daquele dia e, em seguida, explicaram a Rodrigo, que comparecia ali pela primeira vez, que eles estudavam continuamente as obras que compunham a base da chamada Doutrina Espírita e que, quando chegavam ao final, recomeçavam novamente e, para surpresa de todos, sempre havia algo novo a observar e muito que aprenderem em cada vez que repassavam as mesmas questões.

Rodrigo foi convidado a continuar o estudo com eles a partir de onde estavam, pois eles voltariam às questões iniciais dali a um tempo.

E, assim, por duas horas, estudando frase a frase, item a item, foram analisando para compreender melhor os ensinamentos que, para Rodrigo, passaram a ser consoladores.

Daquele dia em diante, Rodrigo não mais faltou às reuniões de estudo, passando a ler tudo o que se relacionava ao assunto e, cada vez mais, adquirindo conhecimento da Doutrina Espírita e, principalmente, dos ensinamentos de Jesus Cristo.

Viveu mais alguns anos e desencarnou numa tarde fria de inverno, olhando para a parede em que um retrato de Nívea o encarava com meiguice e ternura.

Parte Final

Capítulo 24

No plano espiritual, agora com um pouco mais de entendimento das coisas do espírito e com a ajuda de amigos de outras experiências, Rodrigo Honório levou pouco tempo para se dar conta da sua real situação. Ele foi ajudado a se lembrar do que aconteceu no passado, enquanto estava vivendo como Roberto e fez sofrer as três irmãs.

Intuitivamente, Rodrigo Honório já sentia que os mecanismos do intercâmbio que existem entre a vida material e a espiritual, de desencarnados para encarnados, o estavam rodeando, mas, ao mesmo tempo, sabia que não tinha noção de como funcionava.

Mais tarde, aprendeu que a obsessão age como o domínio de uma mente sobre outra, ou seja, age num processo de transmissão mental. Se pudesse ter tido acesso aos estudos antes, Rodrigo compreenderia que a obsessão pode apresentar outras características além daquela até aqui focalizada, ou seja, a atuação de um espírito desencarnado sobre um encarnado.

Existem, em grande número, pessoas obsidiando pessoas. Os obsessores caracterizam-se pela capacidade que têm de dominar mentalmente aqueles que elegem como vítimas. Esse domínio mascara-se com os nomes de ciúme, inveja, paixão ou ânsia de poder e é exercido, muitas vezes, de maneira tão sutil, que a pessoa dominada se julga extremamente amada e até mesmo protegida. Trata-se de obsessão de encarnado sobre encarnado. O marido que subjuga a esposa ou um familiar que tiraniza outro familiar são expressões desse tipo de obsessão.

Rodrigo nem desconfiava, até aquele momento, não tinha acesso a estes detalhes, muito até porque nunca se interessou em buscar e em compreender sua essência, mas Noêmia havia sido uma de suas mulheres em vida passada, quando sofreu de um amor doentio a ponto de preferir matá-lo a perdê-lo para outra mulher, que não fora outra senão Nívea, sua irmã novamente nessa vida, e grande amor de outrora.

Se Rodrigo pudesse revisitar suas vidas regressas, saberia, na verdade, que eram três irmãs apaixonadas pelo mesmo homem, que as enganava ao mesmo tempo. Em sua vida regressa, Rodrigo havia enredado as três irmãs, que, numa determinada época, foram Carmela, Noêmia e Nívea, em sua teia de romance, fazendo com que cada uma acreditasse que era a sua única amada.

No entanto, o grande amor de Rodrigo era mesmo aquela que outrora fora Nívea. Porém, leviano como era, preferia ir levando as três, como se diz no popular, em banho-maria, enganando as três ao mesmo tempo. Naquela ocasião, seu orgulho de macho não lhe permitia que ficasse somente com Nívea, sua amada.

Com a morte de Marta, antes, em outra época Noêmia, tudo foi descoberto. Clara, em outro momento Nívea, deixou-se morrer de vergonha e decepção, e Justina, ou Carmela, jurou vingança eterna.

O ódio de Justina foi tão intenso, que o desequilíbrio espiritual se estendeu por outras encarnações, mesmo não tendo a oportunidade de se reencontrarem, tornando-se um espírito perturbado e demente. Na mesma época também, foi contaminada pela epidemia que assolava a cidade e desencarnou em seguida, porém jurou vingança até além da morte. E assim vem trazendo a amargura do ódio e da desforra por várias e breves experiências reencarnatórias. Sua alma traz um desencanto tão grande, com relação aos homens, que qualquer desentendimento a leva a crises de demência e dificuldade nos relacionamentos. O marido sofria por demais tendo de viver com ela e o fazia por amor às filhas.

Daí que, naquele período de 1900, o quarteto do passado distante, com a ajuda de espíritos amigos e bondosos, veio novamente tentar uma reaproximação amistosa para sublimar seus melhores sentimentos e retomar a escalada evolutiva.

Assim, havia sido programado o reencontro mais uma vez, na tentativa de um apaziguamento de suas emoções, mas Noêmia, que trouxera os sentimentos da Marta de outrora, não pensava assim e o queria novamente como seu homem, exigindo isso dele. Carmela, por sua vez, sabia que o odiava, mesmo que aparentemente sem motivo, mas, quando se deixava levar pelas emoções, entrava em crise e precisava ser atendida pelo médico da família, que a fazia dormir por uns dias, além das orações do padre, que vinha tentar exorcizar os seus demônios.

Enquanto isso, o marido, o pai dessa família, cada vez mais desconsolado mergulhava no trabalho até a exaustão.

Geralmente, durante o sono, Carmela se afastava do corpo em espírito e perambulava pelas ruas aos gritos em total demência, depois era recolhida por irmãos bondosos da Espiritualidade que lhe davam assistência psíquica e a acalmavam novamente por um bom período. Assim, Carmela retornava à realidade adormecida do passado, porém, ainda mergulhada no rancor e na sua angústia existencial, ficava cada vez mais perturbada psiquicamente.

Rodrigo, por sua vez, que havia sido infiel, acreditava com sinceridade em seu amor por Nívea, mas não tinha coragem para assumir um compromisso digno, sério, pois o seu legado egoísta e a sua vaidade de homem falavam mais alto àquele ser, sem muita moral ainda, cheio de orgulho e muita insensatez, como muitas vezes somos a caminho da evolução. Toda força negativa do passado alimentava essa imprudência, mas ele não se dava conta.

Agora, o grupo de desafetos foi aproximado novamente pela Espiritualidade maior, para tentar uma reconciliação e o perdão entre todos, mas a tarefa continuava difícil.

Naquela oportunidade, precisavam se perdoar e recomeçar, mas Carmela não se equilibrara o suficiente e ainda guardava muito rancor; enquanto Noêmia sofria a perturbação pela vibração negativa e pela proximidade da mãe, que lhe fazia se recordar do amor do passado, praticamente o tempo todo, e uma mistura de sentimentos a fazia agir de maneira quase insana, e ela ora amava, ora odiava. Queria amá-lo e achava mesmo que o amava, mas queria destruí-lo também, queria vê-lo rastejar aos seus pés e lhe pedir o amor que ela não lhe daria. Só queria vê-lo sofrer em suas mãos e, depois, abandoná-lo ao seu destino como um farrapo humano.

Rodrigo começou ali mesmo, naquele momento em que teve acesso à sua verdade, a refletir sobre seu comportamento. Percebeu sua irresponsabilidade, sentindo de verdade um arrependimento profundo, que o levou a pedir ajuda aos amigos e mentores da Espiritualidade de como se redimir frente àquela realidade.

Assim, os irmãos começaram a planejar a sua volta com um programa de resgate juntamente com as suas vítimas.

Muito arrependido, Rodrigo se deu conta, com muito sofrimento, do quanto ainda precisava aprender a viver para não sofrer tanto as consequências de seus atos. Aprendeu de que modo poderia respeitar os sentimentos alheios; foi-lhe ensinado como vencer a fraqueza diante das paixões da carne por intermédio da oração sincera e de pensamentos puros; tomou consciência da sua pequenez espiritual e, assim, foi se sentindo um mísero andarilho da vida em busca de um pouco da água que saciasse sua sede de perdão.

E, assim, Deus, em sua infinita justiça, levantou-o do chão da vergonha sincera e lhe deu mais uma chance, como faz a todos aqueles que se arrependem.

Para isso, estava lhe sendo preparada uma volta a um corpo, uma nova vida, novamente reencarnado. Mas, antes, seria necessário aprender a perdoar-se para depois pedir o perdão sincero e resgatar suas vítimas de onde caíram por conta de sua insensatez, ajudando a reerguê-las. Não fosse assim, não faria sentido apenas o arrependimento, seria necessário ajudar a corrigir os desacertos daquelas irmãs que se comprometeram por sua causa.

Então, com determinação e ajuda de dois amigos espíritos e mais de uma amiga que se propôs a reencarnar e vir como sua esposa Dora, foi programado o seu retorno à Terra para receber os três espíritos como seus filhos. Mas, para Rodrigo, ainda era muito pouco, pelo muito que ele as fizera sofrer e se desarticularem espiritualmente.

Pediu ele, então, aos programadores da Espiritualidade que, encarecidamente, pudesse passar por perdas violentas e dores morais. Ele queria provar todo o seu arrependimento sofrendo tudo na carne. Foi lhe explicado que poderia resgatar os débitos trabalhando muito por todos os irmãos necessitados que tivesse oportunidade de ajudar, sem precisar passar pelos traumas, mas Rodrigo teimava em querer se redimir, sofrendo profundamente, na verdade, externando e expurgando o seu sofrimento. E já que esta era a sua vontade assim ela foi programada. Os amigos que tinham provas reencarnatórias de período curto se propuseram a vir como esposas e filhos, no caso Dora, Juliana e Rebeca.

Capítulo 25

Após ter passado algum tempo na erraticidade, Rodrigo reencarnou como Túlio, filho de Branca e de Germano; espíritos amigos de muitas vidas, muito espiritualizados e fiéis trabalhadores da Seara do Mestre, e que se propuseram a mantê-lo ciente das responsabilidades espirituais aqui na terra, e dar a ele todo o suporte necessário para suportar as provas.

Nívea ou Clara veio primeiro para receber as irmãs, pois, entre as três, ela era a mais espiritualizada. Era a Juliana, filhinha de Dora e Túlio que, infelizmente, foi retirada vida corpórea ainda no berço, desfazendo o programa inicial.

Com a desencarnação de Dora no acidente, houve a necessidade de uma reprogramação e foi promovida pelos amigos espirituais a aproximação de Rebeca, para dar continuidade aos planos.

Rodrigo começou a se dar conta, aos poucos, de que não existe determinismo ou fatalidade. O livre-arbítrio nos leva a tomar atitudes por meio das quais, muitas vezes, talvez até na maioria delas, acabamos nos afastando do programado e, geralmente, modificamos os planos precedentes, que, então, precisam ser reformulados e adaptados quando possível, para que não se perca a reencarnação, programada com tanta antecedência.

Muitas situações vão se encadeando para um determinado final, mas isso não quer dizer que estava escrito que seria daquela forma. Na verdade, estava programado apenas. As situações ocorrem encaixadas nos acontecimentos proporcionados pelo livre-arbítrio de cada um de nós e nas necessidades e arrependimento de cada um. Tudo acontece de forma muito sutil naquilo que chamamos destino.

Rodrigo, antes de reencarnar, teve acesso a alguns pormenores. Por exemplo, soube que Dora era um espírito amigo de muito tempo, de temperamento honesto, porém possessivo, de difícil relação, que se prontificara a ajudá-lo como Túlio, na incumbência de resgatar os três espíritos antes em desequilíbrio.

Infelizmente, houve interferências alheias à vontade de Túlio, e foi terminada aquela etapa em sua vida precocemente, embora, a princípio, tenha se concretizado o que ele havia solicitado à Espiritualidade, que era passar por sofrimento e perdas.

Quando estamos na Espiritualidade, na erraticidade, que é o estado entre uma reencarnação e outra, temos um pouco mais de noção dos nossos desatinos. Quando reencarnados e nos fixamos no arrependimento e na culpa, atraímos para nós sofrimentos semelhantes àqueles que fizemos nossas vítimas sofrerem.

Rodrigo precisaria, portanto, reerguer-se novamente e continuar com a missão de resgatar as mulheres que desencaminhara, mas também, como estava previsto, havia a possibilidade de Dora, usando de seu livre-arbítrio depois de encarnada, desistir de Túlio, pois a convivência íntima com ele não teria muitas chances de dar certo, por uma questão de temperamento e de incompatibilidade de gênios. Dora era sua amiga de muitas encarnações, mas tinham personalidades diferentes, gostavam-se, porém tinham atritos.

Rebeca, outro espírito amigo, seria a sua segunda esposa. Rebeca era um espírito que tinha bastante afinidade com Rodrigo e já haviam tido outras experiências como casal. Por isso, ela já estava sendo encaminhada para reencontrá-lo e dar continuidade à criação das irmãs, que reencarnariam como filhas do casal.

Túlio e Rebeca já haviam se encontrado na fazenda quando ela era Dionísia e estava ali para ajudar as três mulheres da casa. Agora, ela viria com a missão de constituir novamente uma família com ele e possibilitar a reencarnação de Nívea, Noêmia e Carmela.

A interferência de forças negativas, porém, fez tudo se desencaminhar novamente, causando o acidente irreversível. Isso ocasionou a mudança nos planos de Túlio e Rebeca de formarem uma família, além de destruir o que foi arquitetado na Espiritualidade para que fossem alcançados o perdão e a regeneração daqueles espíritos.

Mais uma vez, as forças do chamado destino se apresentaram do tamanho da dor e, como Rodrigo havia solicitado, novamente o sofrimento veio lhe rasgar o coração. E isso estava sendo muito difícil para ele suportar.

Nem sempre temos noção quando pedimos certas provações, mas os amigos da Espiritualidade não desistem nunca de nós e, com fé e determinação, tudo seria revisto e novos caminhos se abririam. Mas havia tempo de refazer os planos iniciais e, agora, ainda incluídos os espíritos de Dora e Rebeca, que também faziam planos de reencarnação para ajustes de contas. Coisas até mais antigas do que essas que acabamos de acessar aqui.

Agora, era urgentemente necessário que Justina/Carmela fosse preparada para reencarnar em circunstâncias bem definidas, antes até que suas outras irmãs. A Espiritualidade Maior percebeu que era preciso que fossem tolhidos seus movimentos e, em consequência, suas ações de obsessora. Sim, porque Justina/Carmela sempre viveu rodeando e causando maus momentos para Túlio, que passava muito mal e sentia dores por todo o corpo sempre que ela se aproximava, principalmente nos momentos cruciais dos acidentes, ela esteve sempre por perto.

Em tempo, Rodrigo já havia aprendido que atraímos para a nossa vida aquilo que temos em nossa mente. Se pensarmos positivo sempre e com amor no coração, poderemos nos resguardar de passar por situações de sofrimento, porque a nossa psicosfera não permitirá a aproximação de energias negativas que nos desestabilizem.

Capítulo 26

O tempo passou acelerado e, naquela noite quieta, de céu limpo e estrelado, mais uma vez Túlio saiu do centro espírita calado e pensativo, acompanhado de seus pais e demais amigos, que continuavam trabalhando para seu reequilíbrio e de suas ex-mulheres, que precisavam dele para o resgate de suas ações do passado. Quanto mais se desenrolava sua história naqueles trabalhos mediúnicos, mais triste Túlio se sentia, e mais dores pelo corpo o envolviam. Porém, os amigos da Espiritualidade estavam atentos para que ele não entrasse em depressão nem desistisse. Eles continuavam do lado de lá, lutando para que o programa elaborado por eles conseguisse ainda ter um encaminhamento para o sucesso. Não podiam desanimar, e Túlio precisava reagir e ver que o fato de reconhecer o seu erro era um passo muito importante na busca pelo perdão e pelo reverso da história.

Até sua desencarnação, havia ainda um tempo hábil, que seria utilizado pelos amigos da Espiritualidade para reverter a situação. Era preciso respirar fundo, confiar em Deus e, com muita fé, continuar lutando na estrada da vida.

Assim todos continuaram caminhando pela calçada, fazendo comentários amenos sobre o clima e sobre a noite bela de lua quase cheia. Eles já haviam sido orientados a não comentar nada do que viam e ouviam naquele trabalho fora da sala de reuniões, então saíam silenciosos. Geralmente, cada qual mergulhado em seus pensamentos, porém sem fazer comentários e, quando conversavam, eram assuntos diversos sem nenhuma relação com o trabalho espiritual que havia acontecido momentos antes.

No grupo, estava Marinês, mulher jovem, de traços e físico delicados, cabelos escuros e ondulados caídos na altura dos ombros. Vestia-se com simplicidade, sem esconder seu porte elegante de mulher fina e muito educada. Era professora e ainda oferecia algumas horas de trabalho voluntário nas obras do centro espírita. Também tocava piano e, às vezes, apresentava-se um pouco antes da palestra que acontecia aos domingos pela manhã, para o encanto dos assistentes.

Os pais de Túlio e seus amigos, intimamente, viam nela a parceira ideal para Túlio naquelas circunstâncias, e sempre que tinham oportunidade davam uns conselhos a ele para que a observasse melhor. Túlio, porém, estava totalmente refratário a tudo que se referisse a relacionamento afetivo.

Marinês tinha um carinho e até uma admiração secreta pelo homem sofrido que ela conhecia havia muito tempo. Na verdade, desde o tempo da evangelização, ainda crianças, e ela gostaria de fazer um pouco mais do que participar como suporte mediúnico dos trabalhos direcionados a ele.

Naquela noite, num impulso inusitado, Marinês convidou Túlio para tomarem um sorvete. Na verdade, fez o convite a todos, mas, como os demais declinaram, eles foram sozinhos, em silêncio, fortemente incentivados pelos outros amigos e pelos amigos da Espiritualidade, que estavam também envolvendo o casal em bons fluidos.

Lá chegando, sentaram-se numa mesinha do lado de fora da sorveteria, sob um Céu estrelado. Ficaram tomando o sorvete em silêncio, pois, por mais que Marinês tentasse iniciar uma conversa, Túlio respondia de forma monossilábica e um tanto distante.

Na volta, Túlio a deixou em casa e foi embora pensativo, alheio a tudo ao seu redor. Marinês não tocara seu coração.

Túlio nem sabia como havia aceitado o convite, foi de forma automática, mas, no fundo, apreciou ficar ali, ao ar livre, na noite morna, apreciando as estrelas e deixando-se olhar apenas, sem pensar em nada, e na companhia discreta de Marinês, que respeitava seu silêncio e alheamento. Ao chegar a casa, Túlio encontrou seus pais sentados na cozinha, fazendo o lanche da noite.

— Que bom que você saiu um pouco com a Marinês – disse a mãe, com os olhos brilhando, na esperança de que o filho estivesse voltando a viver. — É bom que volte a ter vida social além da rotina do trabalho, meu filho.

Sem nada comentar, Túlio deu um beijo em cada um e se encaminhou para o quarto, depois de agradecer à mãe o lanche que ela mãe lhe oferecia.

Já Marinês chegou a casa transbordando de alegria interior, por poder dar alguns passos na companhia daquele homem que admirava em silêncio e, naquela noite, em contrita fé e sinceridade, ofereceu-se a Jesus para ajudar Túlio de alguma forma, naquela provação tão difícil.

Dormiu e sonhou que passeava na companhia de Túlio e de outras pessoas num lindo jardim, onde conversavam e trocavam ideias, mas ela não se lembrou de nada do que falaram, lembrava-se apenas do cenário e do cheiro da noite. Quando acordou daquele sonho maravilhoso, seu coração batia feliz. Uma gratidão a Deus transbordava de seu coração e de seus olhos, emocionados.

Passou a semana dentro da rotina, até que chegou novamente o dia dos trabalhos mediúnicos especiais para a recuperação de Túlio. Novas diretrizes foram colocadas pelo Mentor, que informou que novos planos foram feitos e outros reformulados; e que, para uma tentativa de um final feliz, seriam necessárias a concordância das partes interessadas e a colaboração sincera de todos.

Assim, foi explicado pelo Mentor que, durante o período de sono e desdobramento, houve a seguinte programação:

— Nossa irmã Marinês, aqui presente, atendeu ao nosso chamado e compareceu ao Departamento de Planos de Reencarnação e, de livre e espontânea vontade, ofereceu-se para dar vida e nova oportunidade, através da gravidez, àqueles três espíritos tão sofridos e necessitados de amor, compreensão e de uma nova experiência na carne; essa será a oportunidade de uma continuação de aprendizagem de amor, perdão e resgate de provas, e acerto de contas de todos os envolvidos.

Assim sendo, com a concordância e a aceitação de Túlio, também presente por meio de um desdobramento, além dos mentores encarregados daquele departamento, foi estabelecido um plano reencarnatório em que o casal citado possibilitaria a vinda ao plano terrestre dos três espíritos reencarnados como filhos deles.

E aí, esse casal deve se empenhar em redobrar os esforços de recuperação, principalmente da Justina/Carmela que, das três, infelizmente, é a que se encontra em situação de desequilíbrio, pois é a que permanece recrudescida na mágoa, no ódio e na vingança.

Capítulo 27

O tempo foi passando, e as pessoas do grupo continuaram os trabalhos, aguardando que o casal se conhecesse naturalmente, sem cobranças e comentários, apenas deixando que se envolvessem. Mesmo tendo de retirar forças das profundezas do seu ser, Túlio não só aceitou como também se empenhou em cumprir a tarefa com dignidade. Tornou-se um namorado atencioso e permitiu-se que ambos fizessem planos como todo casal. Arrumaram uma casa com quintal e jardim gramado, onde as crianças pudessem brincar e apanhar sol. Escolheram juntos os pertences e combinaram que plantariam hortas orgânicas para terem uma alimentação saudável, algumas frutas, e isso acendeu em Túlio uma nova vontade de viver.

Ele apreciava as coisas simples, como o convívio com a natureza, o mexer com a terra, fazer caminhadas por trilhas etc. E, pouco a pouco, começou a sorrir e a brincar com mais naturalidade, até que aconteceu o esperado casamento.

Uma festa discreta, só para os íntimos e os amigos do grupo espírita que acompanhavam todo o desenrolar da história com discreta ansiedade. Comentavam, entre eles, qual dos espíritos reencarnaria primeiro? Seria Carmela, a mais necessitada?

Passou-se um ano, as dores pelo corpo de Túlio foram sumindo aos poucos e, mais tarde, praticamente esquecidas. Enquanto isso, todos aguardavam a tão esperada notícia sobre a gravidez, e nada.

Por enquanto, Marinês não havia engravidado, mas todos esqueceram que os planos do Alto e da Espiritualidade correm numa contagem de tempo diferente do da terra, até que, certo dia, veio a tão esperada notícia, que deixou todos muito felizes. Eles festejaram e oraram juntos, agradecendo a bênção que recaía em seu lar.

Marinês, finalmente, estava grávida!

Passaram-se as primeiras semanas, e qual não foi a surpresa em saber que teriam trigêmeos, só não sabiam o sexo das crianças ainda. A princípio, achavam que teriam as meninas uma de cada vez, mas foi resolvido pelos mentores da programação que, assim, ganhariam tempo. Foi um dia de festa e de muita alegria entre todos.

Poucos meses depois até fizeram um Chá de Bebê, tradição entre as amigas da futura mamãe para lhe oferecer fraldas e alguns utensílios, afinal, seriam três bebês de uma só vez.

Pouco tempo depois, confirmaram pelo ultrassom, novamente, que eram mesmo três meninas saudáveis.

Daí, eles começaram a escolher os nomes, todos davam palpites e alguns brincavam, escolhendo nomes feios e inventados para descontrair o casal e os avós, que não se continham de felicidade. A casa estava sempre com visitas, e Marinês teria muitas colaboradoras na tarefa difícil e cansativa de cuidar de trigêmeos.

Foram reorganizados os quartos para melhor instalação dos bercinhos, dos armários, do trocador e do que mais necessitassem para acomodar tudo e todos. A alegria era constante na casa, num entra e sai incessante. Tudo era programado, idealizado e multiplicado por três.

Marinês, mulher pequena e delicada, andava bem nervosa nesses últimos tempos, com medo de não dar conta daquilo tudo. De repente, tudo lhe pareceu acima de suas forças, maior do que podia imaginar. Por um momento, arrependeu-se de ter se oferecido e aceito tão difícil tarefa, para a qual ela agora não se sentia mais tão forte o bastante, e chorava. Mas, com o apoio de todos e muito carinho, ela foi superando e ficando mais tranquila à medida que o tempo passava.

— Vai dar tudo certo, minha filha. Tudo está nas mãos de Deus, e nada dará errado nem acontecerá o que já não esteja programado. E você tem a felicidade de contar com todos nós, que não a deixaremos sozinha um só instante. Os hormônios mexem com as emoções e, durante a gravidez, todas as mulheres choram por tudo e por nada. É assim mesmo!

Assim falava dona Branca, com toda calma que lhe era peculiar, quando chegou trazendo uma torta de legumes para o jantar e a encontrou tristonha, chorosa e já desconfortável com o peso da barriga.

E, assim, passaram-se os meses, com todos aguardando o dia do nascimento das crianças, que finalmente chegou, em meio a muita alegria e euforia.

O parto, como não poderia deixar de ser, foi um pouco antecipado pelas condições da mãe, porém as crianças, mesmo com pouco peso, vieram em excelentes condições de saúde. Só precisavam daquele período na incubadora para adquirir peso e logo voltariam para casa.

Vieram três meninas muito lindinhas, e antes, porém, de saírem da maternidade, o médico foi até o quarto e, delicadamente, explicou aos pais que uma delas estava com o cordão umbilical enrolado no pescoço e sofreu a falta de oxigenação durante o parto, vindo, infelizmente, a lesar o cérebro. Ela foi a última a nascer e era a que mais precisava sair, mas, como estava por trás das outras duas, era impossível ver que o cordão umbilical estava asfixiando-a. Uma fatalidade, explicou o médico, com ar contrito.

— Se houvesse um pouco mais de demora no atendimento, talvez ela nem sobrevivesse. Em consequência disso, ela, provavelmente, não vai falar nem andar, pois foi comprometida sua coordenação motora. Infelizmente, essas coisas acontecem, fogem ao nosso controle, e naquela hora se fez o que foi possível.

— Mas o importante é que ela sobreviveu, não é, doutor? – falou rapidamente o avô, seguido da aquiescência de todos os outros que os acompanhavam, mesmo que com olhos marejados de emoção.

Todos ficaram condoídos pela criança e pelos pais, mas a fé logo os fez entender que devia haver um motivo para essa situação inesperada. Sim, pois até o último instante ela estava bem e saudável como as outras duas.

Passado o primeiro impacto, e superadas as tristezas iniciais, todos foram se apaixonando pelas três menininhas fofas e rosadas que Deus abençoou aquele lar.

Escolheram o nome de Melissa para a que nasceu com o problema físico, pois seu nome vinha da doçura do mel, uma das outras duas recebeu o nome de Clarissa, e a outra de Marissa. Elas eram para eles o Mel, a Claridade e o Mar.

E assim, aqueles primeiros dias foram de total frenesi. Na casa, era um entra e sai de amigos querendo ajudar, ver as crianças, saber como estavam se saindo os pais de primeira viagem, e tudo era alegria.

Até que Túlio e Marinês receberam do centro espírita um recado para comparecerem ao trabalho especial, pois havia necessidade de alguns esclarecimentos complementares.

Naquela mesma semana, no horário programado, Túlio compareceu à sessão, deixando Marinês e as filhas em casa, na companhia da sogra e da cunhada.

Foi dado início aos trabalhos no horário de sempre, com todos os trabalhadores muito emocionados, pois já previam que algo muito especial marcaria aquela noite.

— Boa noite, companheiros!

É com respeito e admiração que os encontro novamente aqui, para fazer a prévia de encerramento dessa etapa de trabalhos em que, como puderam acompanhar, a colaboração de todos foi de extrema importância.

Para melhor entendimento, algumas explicações se fazem necessárias. Foi preciso refazer planos e reedificar a nossa fé com o auxílio de irmãos colaboradores da Espiritualidade e dos aqui presentes, para chegar a termo de tão sagrada tarefa, jubilosos pelo resultado.

Os espíritos que reencarnaram terão por objetivo aprender a perdoar e a se perdoarem, além de se renovarem em sentimentos edificantes. E isso eles conseguirão, sem sombra de dúvida, com a ajuda imprescindível dos pais, avós e demais familiares e amigos.

O espírito mais renitente, a quem deram o nome significativo de Melissa, e aqui abro um parêntese para explicar que o nome escolhido para uma criança deve sempre ser uma palavra doce que acalme e ajude também a regenerar o espírito, já que se tornará uma espécie de mantra ao ser repetido incansavelmente pela vida.

Como eu dizia, ao longo da existência deverá ser arrefecido o rancor e o ódio da alma de Melissa, pelo amor e carinho dedicados a ela. Como todos sabem, o amor cobre uma multidão de pecados.

Esse espírito arraigado na vingança odiosa, que veio a se endividar mais ainda com seus atos impensados em oportunidade passada, não queria fazer parte do programa, tal os sentimentos deletérios e o comprometimento mental em que se encontrava, então foram necessários obstar suas atividades físicas e mentais e embalsamá-la no amor para que ela ceda ao sentimento maior e que, quando voltar para o Pai, que o faça sem mágoas, sem ódio e sem rancor.

Mas isso vai depender muito da paciência e tolerância de todos. A tarefa não será fácil. De início, ao se sentir tolhida de seus movimentos e raciocínio, Melissa se rebelará, mas, com tratamento espiritual e muito carinho, suas amarras se soltarão pouco a pouco, liberando o amor, o princípio vital embalsamado de Amor Divino. Assim, Melissa se tornará uma doce e amorosa criança, pois seu problema está no corpo apenas, e sua alma estará finalmente curada.

Quanto às outras duas meninas, tudo será mais fácil. O despertar do amor ao próximo, o perdão, a valorização da vida, a educação espiritual desde cedo, a Evangelização, os hábitos salutares, os compromissos com a caridade e a fraternidade as conduzirão com facilidade para o caminho certo.

Já para Rebeca e Dora, novos planos estão sendo feitos, a fim de que reencarnem num momento próximo, e futuramente estarão também convivendo com todos.

Boa noite a todos os companheiros, e damos aqui por encerrado o trabalho especial em favor do companheiro aqui presente.

Capítulo 28

Passaram-se alguns anos, e as três meninas se preparavam para uma viagem.

Túlio precisou ir à capital a trabalho e acabou se encontrando por acaso com o seu cunhado, mas ainda um grande amigo, Ildefonso, irmão de Rebeca.

Foi uma alegria muito grande esse reencontro dos dois, eles sempre foram bons amigos, quase irmãos em afinidade. Almoçaram e recordaram os bons tempos de convivência. Túlio contou as novidades para Ildefonso quando ele o convidou, junto de sua família, para passar uns dez dias na Fazenda Belo Recanto, que ele já havia transformado num hotel fazenda.

Refez os detalhes e até chegou à cor original da pintura com a ajuda das fotos e telas que encontrara na casa grande. Como Túlio estava prestes a entrar de férias, aproveitou para aceitar o convite.

Clarissa e Marissa corriam pela casa, rindo e fazendo brincadeiras naturais da infância. Enquanto, no carrinho especial, acompanhando atentamente com o olhar, a pequena Melissa demonstrava que também gostaria de correr pela casa atrás das irmãs, porém seu corpinho não tinha o comando do cérebro para se movimentar com naturalidade. Assim, sua alma percebia praticamente tudo e, ao olhar aquela linda criança com mais atenção, dava para ver que ali apenas vivia um corpinho impedido das reações chamadas normais, mas seu olhar demonstrava inteligência e alguma vivacidade.

As malas, bolsas e sacolas iam sendo amontoadas perto da porta. Em seguida, entrou dona Branca, junto ao senhor Germano, trazendo uma leve mala.

A euforia era geral. Todos se ocupavam com alguma tarefa e faziam recomendações à empregada, que ficaria sozinha em casa naquela semana, enquanto a família viajava.

Mais um pouco, e todos estavam acomodados na van que os levaria até a Fazenda Belo Recanto para passarem uma semana inteira de descanso e diversão.

Chegando perto da grande Fazenda Belo Recanto, Túlio foi, pouco a pouco, refazendo na memória aquele caminho de volta, de uma forma inconsciente, uma volta às lembranças do passado, e uma ansiedade foi tomando conta de todo o seu ser.

Manteve-se pensativo e calado praticamente por todo o trajeto. Parecia se lembrar de cada palmo daquele lugar e até do cheiro que pairava no ar.

— Isso é incrível! – pensava ele.

Naquele dia, no entanto, não houve nenhum acidente.

Ao chegarem à fazenda, foram recepcionados pelo próprio Ildefonso, que fez questão de estar presente para recebê-los, e ainda os tranquilizou dizendo que os poucos hóspedes que havia por lá já estavam indo embora, sendo que, assim, eles poderiam desfrutar de tudo, como se fossem os donos da fazenda, e ele poderia lhes dar um pouco mais de atenção.

Felizes e eufóricos com tudo o que viam, foram muito bem acomodados nos imensos e agradáveis quartos. As meninas, Marissa e Clarissa, iam e viam pelos corredores, informando todos eles de quem eram os quartos e apontando para aqueles que eram os seus próprios quartos quando ali moraram como Carmela, Noêmia e Nívea, e ainda apontavam o quarto do papai quando pintava quadros.

As crianças são maravilhosas para se recordarem de eventos de outras vidas com a maior naturalidade.

Após se acomodarem em seus quartos, todos foram convidados a passear de charrete antes de fazerem um delicioso lanche no meio da tarde, o que encantou aos adultos e às crianças.

— Upa, upa cavalinho! – gritavam felizes as crianças enquanto os adultos apreciavam aquela alegria infantil e espontânea e também sorriam contentes.

Túlio perguntou ao charreteiro se ele não poderia levá-los até a fonte das pedras. Ele tinha certeza de que esse lugar existia e, sim, o charreteiro os levou até lá, e se deslumbraram com tanta beleza. Um arrepio lhe percorreu o corpo, provocando-lhe um tremor. Ele sabia que conhecia aquele lugar. Só não sabia como, já que, nesta vida, nunca tinha pisado ali.

À noite, logo após o jantar, as crianças foram acomodadas em seus quartos, pois àquela hora já estavam exaustas de tanta euforia. Todos os demais se reuniram na enorme sala onde havia, entre sofás macios e poltronas de espaldar alto, um enorme piano em um dos cantos.

Ildefonso sentou-se e começou a tocar melodias diversas, que alegraram ainda mais aquele momento. Depois dele, Marinês foi convidada para também tocar algumas músicas, e todos cantaram juntos e felizes, envolvendo toda a propriedade numa energia de paz e tranquilidade.

Naquele momento, os amigos espirituais se apresentaram felizes para apreciar e também fazer parte daquela alegria.

Os hóspedes foram se retirando para os quartos, e ficaram na sala somente Ildefonso e Túlio.

Um silêncio se fez entre os dois amigos, e uma emoção tocou seus corações. Aquela realmente era uma noite especial.

Sem saber como, Túlio começou a falar da sua vida e disse:

— Sabe, Ildefonso, que eu já morei nesta fazenda em uma vida passada?

— Verdade, Túlio? – respondeu Ildefonso, surpreso. — Eu não sei se gostaria de saber o que andei fazendo por aqui, até porque agora nem daria para consertar o que não fiz direito – completou dando risadas.

— Você está enganado. Sempre dá para consertar. Pois vou lhe contar a minha história e mostrar como isso é perfeitamente possível, já que você e Rebeca sempre foram simpatizantes da Doutrina Espírita também, apesar de nunca terem se dedicado aos seus estudos.

E ali ficaram os dois conversando por muito tempo, com Túlio contando-lhe os acontecimentos em detalhes até aquele momento, o que deixou Ildefonso impressionadíssimo.

— Então, amanhã vou lhe mostrar todos os outros quadros daqueles tempos que você diz ter vivido, que estavam guardados aqui na fazenda e que, provavelmente, foram pintados por você. Alguns estão nos quartos de hóspedes, mas olha só que loucura isso!

Não consigo imaginar!

Ildefonso falava com admiração do que tinha ouvido do amigo.

Epílogo

Numa tarde em que chovia muito, todos ficaram se distraindo espalhados pela grande casa. As crianças haviam ficado no quarto com alguns brinquedos quando, de repente, Melissa começou a chorar desesperadamente, e dona Branca verificou que ela ardia em febre. Foram feitos todos os procedimentos normais como banhos mornos e alguns remédios habituais, quando dona Branca recebeu a intuição de que deveria aplicar um passe na menina e, após isso, fazer um Culto do Evangelho no Lar.

Túlio, que estava lendo na varanda, foi chamado pelo senhor Germano, e todos se reuniram em um dos quartos para orar e estudar algumas palavras de Jesus por meio da leitura de O evangelho segundo o espiritismo, de Allan Kardec.

O senhor germano aplicou um passe na menina e, aos poucos, a febre cedeu, e Melissa dormiu tranquilamente.

E tudo voltou à calma.

De vez em quando, Túlio andava pelos corredores, ia até onde estavam os quadros para observá-los, e uma emoção muito forte tomava conta de todo o seu ser. Parecia até que, se naquele momento ele tivesse acesso a uma tela e a uma paleta de tintas, sairia pintando com toda a tranquilidade e habilidade.

Mas, de todos os trabalhos, o que mais lhe chamava a atenção era um quadro não muito grande de uma mulher com um cesto na mão, colhendo ervas num canteiro. Tinha ela um rosto suave e um olhar doce, porém firme. Os cabelos escuros caíam em anéis pelos ombros. Este quadro, sim, causava-lhe uma emoção muito forte.

E, naquele último dia ali na fazenda, antes mesmo de se despedirem de Ildefonso, mais uma vez Túlio parou diante daquele quadro, contemplando aquele suave rosto de mulher.

Sem resistir, ele o retirou com muito cuidado da parede e foi olhar o que ele sabia estar escrito atrás: "Retrato de Nívea", e foi assim que o amigo Ildefonso o surpreendeu, bem na hora que ia pendurar novamente o quadro no lugar.

Ildefonso, então, retirou-o novamente da parede e o estendeu ao amigo, dizendo que fazia questão de que ele o levasse como uma lembrança daquele lugar e, mais ainda, sugeriu que ele escrevesse a história da sua vida.

— É uma boa ideia, vou tentar...

— Sim, faça estilo romanceado, troque os nomes dos envolvidos e mostrará uma linda história com final feliz, o que você acha, meu amigo?

— Sim, e vou chamá-lo de Ildefonso, o que acha? Só para ficar parecido!

— Como achar melhor meu amigo, como achar melhor...

Túlio, muito emocionado, abraçou o amigo, grato por aquela lembrança que, para ele, não tinha preço.

Todos voltaram para casa muito felizes com a experiência maravilhosa de visitar uma fazenda de verdade, com animais, plantações, e aquele casarão magnífico, totalmente restaurado como se tivesse acabado de ser construído.

Melissa, a partir daquele passeio à fazenda, tornou-se uma menina mais calma e atenta, não se revoltava mais com a situação de tolhimento de sua alma e, assim, foi conseguindo aprender algumas coisas, e até chamar "papá", "mamá", "vovó" e "vovô" e, para alegria geral, já balbuciava "mana" quando se dirigia a uma das irmãzinhas.

E assim tudo se encaminhou para um final feliz, com aqueles espíritos resgatando, cada dia mais, um pouquinho do muito com que se comprometeram.

O que ambos não poderiam imaginar, na verdade, é que Ildefonso fora, em outra vida, o verdadeiro dono da fazenda chamada Belo Recanto. Ele fora o próprio Sr. Tomás, aquele que, um dia, contratara Rodrigo Honório para retratar aquela família em seus quadros.

Ficha Técnica

Título
Retratos da Vida - as consequências do descomprometimento afetivo

Autoria
Clotilde Fascioni

Edição
1ª

ISBN
978-65-87210-19-3

Coordenação editorial
Ednei Procópio

Preparação de originais
Ednei Procópio e Irene Stubber

Revisão ortográfica
Mariana Frungilo

Capa
Ana Dobón

Projeto gráfico e diagramação
Ana Dobón

Composição
Adobe Indesign CS6, plataforma Windows

Páginas
175

Tamanho do miolo
Miolo 16 x 23 cm
Capa 16 x 23 cm com orelhas de 8 cm

Tipografia
Texto principal: Perpetua Std, 13, 17,5
Título: Janda Elegant Handwriting, 24
Notas de rodapé: Garamond, 10, 12

Margens
25 mm: 20 mm: 25 mm: 20 mm (superior:inferior:interna;externa)

Revisão da diagramação
Ednei Procópio e Irene Stubber

Impressão
AtualDV (Curitiba/PR)

Tiragem
Tiragem inicial sob demanda

Papel
Miolo em Pólen Soft 80 g/m2
Capa Suzano Supremo 250 g/m2

Cores
Miolo 1x1 cores CMYK
Capa em 4x0 cores CMYK

Acabamento
Miolo: brochura, cadernos costurados e colados.
Capa: brochura, laminação BOPP fosca, verniz UV com reserva.

Produção
Janeiro/2022

Nossas Publicações

SÉRIE AUTOCONHECIMENTO

DEPRESSÃO E AUTOCONHECIMENTO - COMO EXTRAIR PRECIOSAS LIÇÕES DESSA DOR

A proposta de tratamento complementar da depressão aqui abordada tem como foco a educação para lidar com nossa dor, que muito antes de ser mental, é moral.

Wanderley Oliveira
16 x 23 cm
235 páginas

FALA, PRETO VELHO

Um roteiro de autoproteção energética através do autoamor. Os textos aqui desenvolvidos permitem construir nossa proteção interior por meio de condutas amorosas e posturas mentais positivas, para criação de um ambiente energético protetor ao redor de nossas vidas.

Wanderley Oliveira | Pai João de Angola
16 x 23 cm
291 páginas

QUAL A MEDIDA DO SEU AMOR?

Propõe revermos nossa forma de amar, pois estamos mais próximos de uma visão particularista do que de uma vivência autêntica desse sentimento. Superar limites, cultivar relações saudáveis e vencer barreiras emocionais são alguns dos exercícios na construção desse novo olhar.

Wanderley Oliveira | Ermance Dufaux
16 x 23 cm
208 páginas

APAIXONE-SE POR VOCÊ

Você já ouviu alguém dizer para outra pessoa: "minha vida é você"?
Enquanto o eixo de sua sustentação psicológica for outra pessoa, a sua vida estará sempre ameaçada, pois o medo da perda vai rondar seus passos a cada minuto.

Wanderley Oliveira
16 x 23 cm
152 páginas

A VERDADE ALÉM DAS APARÊNCIAS - O UNIVERSO INTERIOR

Liberte-se da ansiedade e da angústia, direcionando o seu espírito para o único tempo que realmente importa: o presente. Nele você pode construir um novo olhar, amplo e consciente, que levará você a enxergar a verdade além das aparências.

Samuel Gomes
16 x 23 cm
272 páginas

ebook

DESCOMPLIQUE, SEJA LEVE

Um livro de mensagens para apoiar sua caminhada na aquisição de uma vida mais suave e rica de alegrias na convivência.

Wanderley Oliveira
16 x 23 cm
238 páginas

ebook

7 CAMINHOS PARA O AUTOAMOR

O tema central dessa obra é o autoamor que, na concepção dos educadores espirituais, tem na autoestima o campo elementar para seu desenvolvimento. O autoamor é algo inato, herança divina, enquanto a autoestima é o serviço laborioso e paciente de resgatar essa força interior, ao longo do caminho de volta à casa do Pai.

Wanderley Oliveira | Pai João de Angola
16 x 23 cm
272 páginas

A REDENÇÃO DE UM EXILADO

A obra traz informações sobre a formação da civilização, nos primórdios da Terra, que contou com a ajuda do exílio de milhões de espíritos mandados para cá para conquistar sua recuperação moral e auxiliar no desenvolvimento das raças e da civilização. É uma narrativa do Apóstolo Lucas, que foi um desses enviados, e que venceu suas dificuldades íntimas para seguir no trabalho orientado pelo Cristo.

Samuel Gomes | Lucas
16 x 23 cm
368 páginas

ebook

AMOROSIDADE - A CURA DA FERIDA DO ABANDONO

Uma das mais conhecidas prisões emocionais na atualidade é a dor do abandono, a sensação de desamparo. Essa lesão na alma responde por larga soma de aflições em todos os continentes do mundo. Não há quem não esteja carente de ser protegido e acolhido, amado e incentivado nas lutas de cada dia.

Wanderley Oliveira | Ermance Dufaux
16 x 23 cm
300 páginas

ebook

MEDIUNIDADE - A CURA DA FERIDA DA FRAGILIDADE

Ermance Dufaux vem tratando sobre as feridas evolutivas da humanidade. A ferida da fragilidade é um dos traços mais marcantes dos aprendizes da escola terrena. Uma acentuada desconexão com o patrimônio da fé e do autoamor, os verdadeiros poderes da alma.

Wanderley Oliveira | Ermance Dufaux
16 x 23 cm
235 páginas
ebook

CONECTE-SE A VOCÊ - O ENCONTRO DE UMA NOVA MENTALIDADE QUE TRANSFORMARÁ A SUA VIDA

Este livro vai te estimular na busca de quem você é verdadeiramente. Com leitura de fácil assimilação, ele é uma viagem a um país desconhecido que, pouco a pouco, revela características e peculiaridades que o ajudarão a encontrar novos caminhos. Para esta viagem, você deve estar conectado a sua essência. A partir daí, tudo que você fizer o levará ao encontro do propósito que Deus estabeleceu para sua vida espiritual.

Rodrigo Ferretti
16 x 23 cm
256 páginas

ebook

APOCALIPSE SEGUNDO A ESPIRITUALIDADE - O DESPERTAR DE UMA NOVA CONSCIÊNCIA

Num curso realizado em uma colônia do plano espiritual, o livro Apocalipse, de João Evangelista, é estudado de forma dinâmica e de fácil entendimento, desvendando a simbologia das figuras místicas sob o enfoque do autoconhecimento.

Samuel Gomes
16 x 23 cm
313 páginas
ebook

VIDAS PASSADAS E HOMOSSEXUALIDADE - CAMINHOS QUE LEVAM À HARMONIA

"Vidas Passadas e Homossexualidade" é, antes de tudo, um livro sobre o autoconhecimento. E, mais que uma obra que trada do uso prático da Terapia de Regressão às Vidas Passadas . Em um conjunto de casos, ricamente descritos, o leitor poderá compreender a relação de sua atual encarnação com aquelas que ele viveu em vidas passadas. O obra mostra que absolutamente tudo está interligado. Se o leitor não encontra respostas sobre as suas buscas psicológicas nesta vida, ele as encontrará conhecendo suas vidas passadas.
Samuel Gomes

Dra. Solange Cigagna
16 x 23 cm
364 páginas
ebook

SÉRIE CONSCIÊNCIA DESPERTA

SAIA DO CONTROLE - UM DIÁLOGO TERAPEUTICO E LIBERTADOR ENTRE A MENTE E A CONSCIÊNCIA

Agimos de forma instintiva por não saber observar os pensamentos e emoções que direcionam nossas ações de forma condicionada. Por meio de uma observação atenta e consciente, identificando o domínio da mente em nossas vidas, passamos a viver conscientes das forças internas que nos regem.

Rossano Sobrinho
16 x 23 cm
268 páginas

ebook

SÉRIE CULTO NO LAR

VIBRAÇÕES DE PAZ EM FAMÍLIA

Quando a família se reune para orar, ou mesmo um de seus componetes, o ambiente do lar melhora muito. As preces são emissões poderosas de energia que promovem a iluminação interior. A oração em família traz paz e fortalece, protege e ampara a cada um que se prepara para a jornada terrena rumo à superação de todos os desafios.

Wanderley Oliveira | Ermance Dufaux
16 x 23 cm
212 páginas

ebook

JESUS - A INSPIRAÇÂO DAS RELAÇÕES LUMINOSAS

Após o sucesso de "Emocões que curam", o espírito Ermance Dufaux retorna com um novo livro baseado nos ensinamentos do Cristo, destacando que o autoamor é a garantia mais sólida para a construção de relacionamentos luminosos.

Wanderley Oliveira | Ermance Dufaux
16 x 23 cm
304 páginas

ebook

REGENERAÇÃO - EM HARMONIA COM O PAI

Nos dias em que a Terra passa por transformações fundamentais, ampliando suas condições na direção de se tornar um mundo regenerado, é necessário desenvolvermos uma harmonia inabalável para aproveitar as lições que esses dias nos proporcionam por meio das nossas decisões e das nossas escolhas, [...]

Samuel Gomes | Diversos Espíritos
16 x 23 cm
223 páginas

ebook

PRECES ESPÍRITAS

Porque e como orar?
O modo como oramos influi no resultado de nossas preces?
Existe um jeito certo de fazer a oração?
Allan Kardec nos afirma que *"não há fórmula absoluta para a prece"*, mas o próprio Evangelho nos orienta que *"quando oramos, devemos entrar no nosso aposento interno do coração e, fechando a porta, busquemos Deus que habita em nós; e Ele, que vê nossa mais secreta realidade espiritual, nos amparará em todas as necessidades. Ao orarmos, evitemos as repetições de orações realizadas da boca para fora, como muitos que pensam que por muito falarem serão ouvidos. Oremos a Deus em espírito e verdade porque nosso Pai sabe o que nos é necessário, antes mesmo de pedirmos ".* (Mateus 6:5 a 8)

Allan Kardec
16 x 23 cm
145 páginas

O EVANGELHO SEGUNDO O ESPIRITISMO

O Evangelho de Jesus Cristo foi levado ao mundo por meio de seus discípulos, logo após o desencarne do Mestre na cruz. Mas o Evangelho de Cristo foi, muitas vezes, alterado e deturpado através de inúmeras edições e traduções do chamado Novo Testamento. Agora, a Doutrina Espírita, por meio de um trabalho sob a óptica dos espíritos e de Allan Kardec, vem jogar luz sobre a verdadeira face de Cristo e seus ensinamentos de perdão, caridade e amor.

Allan Kardec
16 x 23 cm
431 páginas

SÉRIE DESAFIOS DA CONVIVÊNCIA

QUEM SABE PODE MUITO. QUEM AMA PODE MAIS

A lição central desta obra é mostrar que o conhecimento nem sempre é suficiente para garantir a presença do amor nas relações. "Estar informado é a primeira etapa. Ser transformado é a etapa da maioridade." - Eurípedes Barsanulfo.

Wanderley Oliveira | José Mário
16 x 23 cm
312 páginas

QUEM PERDOA LIBERTA - ROMPER OS FIOS DA MÁGOA ATRAVÉS DA MISERICÓRDIA

Continuação do livro "QUEM SABE PODE MUITO. QUEM AMA PODE MAIS" dando sequência à trilogia "Desafios da Convivência".

Wanderley Oliveira | José Mário
16 x 23 cm
320 páginas

SERVIDORES DA LUZ NA TRANSIÇÃO PLANETÁRIA

Nesta obra recebemos o convite para nos integrar nas fileiras dos Servidores da Luz, atuando de forma consciente diante dos desafios da transição planetária. Brilhante fechamento da trilogia.

Wanderley Oliveira | José Mário
14x21 cm
298 páginas

SÉRIE ESPÍRITOS DO BEM

GUARDIÕES DO CARMA - A MISSÃO DOS EXUS NA TERRA

Pai João de Angola quebra com o preconceito criado em torno dos exus e mostra que a missão deles na Terra vai além do que conhecemos. Na verdade, eles atuam como guardiões do carma, nos ajudando nos principais aspectos de nossas vidas.

Wanderley Oliveira | Pai João de Angola
16 x 23 cm
288 páginas

GUARDIÃS DO AMOR - A MISSÃO DAS POMBAGIRAS NA TERRA

"São um exemplo de amor incondicional e de grandeza da alma. São mães dos deserdados e angustiados. São educadoras e desenvolvedoras do sagrado feminino, e nesse aspecto são capazes de ampliar, nos homens e nas mulheres, muitas conquistas que abrem portas para um mundo mais humanizado, [...]".

Wanderley Oliveira | Pai João de Angola
16 x 23 cm
232 páginas

GUARDIÕES DA VERDADE - NADA FICARÁ OCULTO

Neste momento de batalhas decisivas rumo aos tempos da regeneração, esta obra é um alerta que destaca a importância da autenticidade nas relações humanas e da conduta ética como bases para uma forma transparente de viver. A partir de agora, nada ficará oculto, pois a Verdade é o único caminho que aguarda a humanidade para diluir o mal e se estabelecer na realidade que rege o universo.

Wanderley Oliveira | Pai João de Angola
16 x 23 cm
236 páginas

SÉRIE ESTUDOS DOUTRINÁRIOS

ATITUDE DE AMOR

Opúsculo contendo a palestra "Atitude de Amor" de Bezerra de Menezes, o debate com Eurípedes Barsanulfo sobre o período da maioridade do Espiritismo e as orientações sobre o "movimento atitude de amor". Por uma efetiva renovação pela educação moral.

Wanderley Oliveira | Ermance Dufaux e Cícero Pereira
14 x 21 cm
94 páginas

ebook

SEARA BENDITA

Um convite à reflexão sobre a urgência de novas posturas e conceitos. As mudanças a adotar em favor da construção de um movimento social capaz de cooperar com eficácia na espiritualização da humanidade.

Wanderley Oliveira e Maria José Costa | Diversos Espíritos
14 x 21 cm
284 páginas

Gratuito em nosso site, somente em:
ebook

NOTÍCIAS DE CHICO

"Nesta obra, Chico Xavier afirma com seu otimismo natural que a Terra caminha para uma regeneração de acordo com os projetos de Jesus, a caracterizar-se pela tolerância humana recíproca e que precisamos fazer a nossa parte no concerto projetado pelo Orientador Maior, principalmente porque ainda não assumimos responsabilidades mais expressivas na sustentação das propostas elevadas que dizem respeito ao futuro do nosso planeta."

Samuel Gomes | Chico Xavier
16 x 23 cm
181 páginas

ebook

SÉRIE FAMÍLIA E ESPIRITUALIDADE

UM JOVEM OBSESSOR - A FORÇA DO AMOR NA REDENÇÃO ESPIRITUAL

Um jovem conta sua história, compartilhando seus problemas após a morte, falando sobre relacionamentos, sexo, drogas e, sobretudo, da força do amor na redenção espiritual.

Adriana Machado | Jefferson
16 x 23 cm
392 páginas

ebook

UM JOVEM MÉDIUM - CORAGEM E SUPERAÇÃO PELA FORÇA DA FÉ

A mediunidade é um canal de acesso às questões de vidas passadas que ainda precisam ser resolvidas. O livro conta a história do jovem Alexandre que, com sua mediunidade, se torna o intermediário entre as histórias de vidas passadas daqueles que o rodeiam tanto no plano físico quanto no plano espiritual. Surpresos com o dom mediúnico do menino, os pais, de formação Católica, se veem às voltas com as questões espirituais que o filho querido traz para o seio da família.

Adriana Machado | Ezequiel
16 x 23 cm
365 páginas

ebook

RECONSTRUA SUA FAMÍLIA - CONSIDERAÇÕES PARA O PÓS-PANDEMIA

Vivemos dias de definição, onde nada mais será como antes. Necessário redefinir e ampliar o conceito de família. Isso pode evitar muitos conflitos nas interações pessoais. O autoconhecimento seguido de reforma íntima será o único caminho para transformação do ser humano, das famílias, das sociedades e da humanidade.

Dr. Américo Canhoto
16 x 23 cm
237 páginas

ebook

SÉRIE HARMONIA INTERIOR

LAÇOS DE AFETO - CAMINHOS DO AMOR NA CONVIVÊNCIA

Uma abordagem sobre a importância do afeto em nossos relacionamentos para o crescimento espiritual. São textos baseados no dia a dia de nossas experiências. Um estímulo ao aprendizado mais proveitoso e harmonioso na convivência humana.

Wanderley Oliveira | Ermance Dufaux
16 x 23 cm
312 páginas

ebook ESPANHOL

MEREÇA SER FELIZ - SUPERANDO AS ILUSÕES DO ORGULHO

Um estudo psicológico sobre o orgulho e sua influência em nossa caminhada espiritual. Ermance Dufaux considera essa doença moral como um dos mais fortes obstáculos à nossa felicidade, porque nos leva à ilusão.

Wanderley Oliveira | Ermance Dufaux
16 x 23 cm
296 páginas

ebook ESPANHOL

REFORMA ÍNTIMA SEM MARTÍRIO - AUTOTRANSFORMAÇÃO COM LEVEZA E ESPERANÇA

As ações em favor do aperfeiçoamento espiritual dependem de uma relação pacífica com nossas imperfeições. Como gerenciar a vida íntima sem adicionar o sofrimento e sem entrar em conflito consigo mesmo?

Wanderley Oliveira | Ermance Dufaux
16 x 23 cm
288 páginas

ebook | ESPANHOL | INGLÊS

PRAZER DE VIVER - CONQUISTA DE QUEM CULTIVA A FÉ E A ESPERANÇA

Neste livro, Ermance Dufaux, com seus ensinos, nos auxilia a pensar caminhos para alcançar nossas metas existenciais, a fim de que as nossas reencarnações sejam melhor vividas e aproveitadas.

Wanderley Oliveira | Ermance Dufaux
16 x 23 cm
248 páginas

ebook

ESCUTANDO SENTIMENTOS - A ATITUDE DE AMAR-NOS COMO MERECEMOS

Ermance afirma que temos dado passos importantes no amor ao próximo, mas nem sempre sabemos como cuidar de nós, tratando-nos com culpas, medos e outros sentimentos que não colaboram para nossa felicidade.

Wanderley Oliveira | Ermance Dufaux
16 x 23 cm
256 páginas

ebook | ESPANHOL

DIFERENÇAS NÃO SÃO DEFEITOS - A RIQUEZA DA DIVERSIDADE NAS RELAÇÕES HUMANAS

Ninguém será exatamente como gostaríamos que fosse. Quando aprendemos a conviver bem com os diferentes e suas diferenças, a vida fica bem mais leve. Aprenda esse grande SEGREDO e conquiste sua liberdade pessoal.

Wanderley Oliveira | Ermance Dufaux
16 x 23 cm
248 páginas

ebook

EMOÇÕES QUE CURAM - CULPA, RAIVA E MEDO COMO FORÇAS DE LIBERTAÇÃO

Um convite para aceitarmos as emoções como forma terapêutica de viver, sintonizando o pensamento com a realidade e com o desenvolvimento da autoaceitação.

Wanderley Oliveira | Ermance Dufaux
16 x 23 cm
272 páginas
ebook

SÉRIE REFLEXÕES DIÁRIAS

PARA SENTIR DEUS

Nos momentos atuais da humanidade sentimos extrema necessidade da presença de Deus. Ermance Dufaux resgata, para cada um, múltiplas formas de contato com Ele, de como senti-Lo em nossas vidas, nas circunstâncias que nos cercam e nos semelhantes que dividem conosco a jornada reencarnatória. Ver, ouvir e sentir Deus em tudo e em todos.

Wanderley Oliveira | Ermance Dufaux
11 x 15,5 cm
133 páginas
Somente ebook

LIÇÕES PARA O AUTOAMOR

Mensagens de estímulo na conquista do perdão, da aceitação e do amor a si mesmo. Um convite à maravilhosa jornada do autoconhecimento que nos conduzirá a tomar posse de nossa herança divina.

Wanderley Oliveira | Ermance Dufaux
11 x 15,5 cm
128 páginas
Somente ebook

RECEITAS PARA A ALMA

Mensagens de conforto e esperança, com pequenos lembretes sobre a aplicação do Evangelho para o dia a dia. Um conjunto de propostas que se constituem em verdadeiros remédios para nossas almas.

Wanderley Oliveira | Ermance Dufaux
11 x 15,5 cm
146 páginas
Somente ebook

SÉRIE REGENERAÇÃO

FUTURO ESPIRITUAL DA TERRA

As necessidades, as estruturas perispirituais e neuropsíquicas, o trabalho, o tempo, as características sociais e os próprios recursos de natureza material se tornarão bem mais sutis. O futuro já está em construção e André Luiz, através da psicografia de Samuel Gomes, conta como será o Futuro Espiritual da Terra.

Samuel Gomes | André Luiz
16 x 23 cm
344 páginas

XEQUE-MATE NAS SOMBRAS - A VITÓRIA DA LUZ

André Luiz traz notícias das atividades que as colônias espirituais, ao redor da Terra, estão realizando para resgatar os espíritos que se encontram perdidos nas trevas e conduzi-los a passar por um filtro de valores, seja para receberem recursos visando a melhorar suas qualidades morais – se tiverem condições de continuar no orbe – seja para encaminhá-los ao degredo planetário.

Samuel Gomes | André Luiz
16 x 23 cm
212 páginas

A DECISÃO - CRISTOS PLANETÁRIOS DEFINEM O FUTURO ESPIRITUAL DA TERRA

"Os Cristos Planetários do Sistema Solar e de outros sistemas se encontram para decidir sobre o futuro da Terra na sua fase de regeneração. Numa reunião que pode ser considerada, na atualidade, uma das mais importantes para a humanidade terrestre, Jesus faz um pronunciamento direto sobre as diretrizes estabelecidas por Ele para este período."

Samuel Gomes | André Luiz e Chico Xavier
16 x 23 cm
210 páginas

SÉRIE ROMANCE MEDIÚNICO

OS DRAGÕES - O DIAMANTE NO LODO NÃO DEIXA DE SER DIAMANTE

Um relato leve e comovente sobre nossos vínculos com os grupos de espíritos que integram as organizações do mal no submundo astral.

Wanderley Oliveira | Maria Modesto Cravo
16 x 23cm
522 páginas

LÍRIOS DE ESPERANÇA

Ermance Dufaux alerta os espíritas e lidadores do bem de um modo geral, para as responsabilidades urgentes da renovação interior e da prática do amor neste momento de transição evolutiva, através de novos modelos de relação, como orientam os benfeitores espirituais.

Wanderley Oliveira | Ermance Dufaux
16 x 23 cm
508 páginas

AMOR ALÉM DE TUDO

Regras para seguir e rótulos para sustentar. Até quando viveremos sob o peso dessas ilusões? Nessa obra reveladora, Dr. Inácio Ferreira nos convida a conhecer a verdade acima das aparências. Um novo caminho para aqueles que buscam respeito às diferenças e o AMOR ALÉM DE TUDO.

Wanderley Oliveira | Inácio Ferreira
16 x 23 cm
252 páginas

ABRAÇO DE PAI JOÃO

Pai João de Angola retorna com conceitos simples e práticos, sobre os problemas gerados pela carência afetiva. Um romance com casos repletos de lutas, desafios e superações. Esperança para que permaneçamos no processo de resgate das potências divinas de nosso espírito.

Wanderley Oliveira | Pai João de Angola
16 x 23 cm
224 páginas

UM ENCONTRO COM PAI JOÃO

A obra também fala do valor de uma terapia, da necessidade do autoconhecimento, dos tipos de casamentos programados antes do reencarne, dos processos obsessivos de variados graus e do amparo de Deus para nossas vidas por meio dos amigos espirituais e seus trabalhadores encarnados. Narra também em detalhes a dinâmica das atividades socorristas do centro espírita.

Wanderley Oliveira | Pai João de Angola
16 x 23 cm
220 páginas

O LADO OCULTO DA TRANSIÇÃO PLANETÁRIA

O espírito Maria Modesto Cravo aborda os bastidores da transição planetária com casos conectados ao astral da Terra.

Wanderley Oliveira | Maria Modesto Cravo
16 x 23 cm
288 páginas

PERDÃO - A CHAVE PARA A LIBERDADE

Neste romance revelador, conhecemos Onofre, um pai que enfrenta a perda de seu único filho com apenas oito anos de idade. Diante do luto e diversas frustrações, um processo desafiador de autoconhecimento o convida a enxergar a vida com um novo olhar. Será essa a chave para a sua libertação?

Adriana Machado | Ezequiel
14 x 21 cm
288 páginas

1/3 DA VIDA - ENQUANTO O CORPO DORME A ALMA DESPERTA

A atividade noturna fora da matéria representa um terço da vida no corpo físico, e é considerada por nós como o período mais rico em espiritualidade, oportunidade e esperança.

Wanderley Oliveira | Ermance Dufaux
16 x 23 cm
279 páginas

NEM TUDO É CARMA, MAS TUDO É ESCOLHA

Somos todos agentes ativos das experiências que vivenciamos e não há injustiças ou acasos em cada um dos aprendizados.

Adriana Machado | Ezequiel
16 x 23 cm
536 páginas

RETRATOS DA VIDA - AS CONSEQUÊNCIAS DO DESCOMPROMETIMENTO AFETIVO

Túlio costumava abstrair-se da realidade, sempre se imaginando pintando um quadro; mais especificamente pintando o rosto de uma mulher.
Vivendo com Dora um casamento já frio e distante, uma terrível e insuportável dor se abate sobre sua vida. A dor era tanta que Túlio precisou buscar dentro de sua alma uma resposta para todas as suas angústias..

Clotilde Fascioni
16 x 23 cm
175 páginas

O PREÇO DE UM PERDÃO - AS VIDAS DE DANIEL

Daniel se apaixona perdidamente e, por várias vidas, é capaz de fazer qualquer coisa para alcançar o objetivo de concretizar o seu amor. Mas suas atitudes, por mais verdadeiras que sejam, o afastam cada vez mais desse objetivo. É quando a vida o para.

André Figueiredo e Fernanda Sicuro | Espírito Bruno
16 x 23 cm
333 páginas

eBook

Dufaux editora

LIVROS QUE TRANSFORMAM VIDAS!

Acompanhe nossas redes sociais

(lançamentos, conteúdos e promoções)

@editoradufaux

facebook.com/EditoraDufaux

youtube.com/user/EditoraDufaux

Conheça nosso catálogo e mais sobre nossa editora. Acesse os nossos sites

Loja Virtual

www.dufaux.com.br

eBooks, conteúdos gratuitos e muito mais

www.editoradufaux.com.br

Entre em contato com a gente.

Use os nossos canais de atendimento

(31) 99193-2230

(31) 3347-1531

www.dufaux.com.br/contato

sac@editoradufaux.com.br

Rua Contria, 759 | Alto Barroca | CEP 30431-028 | Belo Horizonte | MG